Kauderwelsch
Band 45

Impressum

Claudia Daley und Martin Lutterjohann
Neuseeland Slang– das andere Englisch
erschienen im
REISE KNOW-HOW Verlag Peter Rump GmbH
Osnabrücker Str. 79, D-33649 Bielefeld
info@reise-know-how.de

Bearbeitung & Layout Elfi Gilissen
Layout-Konzept & Umschlag Günter Pawlak, FaktorZwo! Bielefeld
Illustration aus „Footrot Flats“ von Murray Ball (S. 1, © Murray Ball/ PIB Copenhagen). Wir bedanken uns für die freundliche Genehmigung des Abdrucks.
Druck und Bindung Fuldaer Verlagsanstalt GmbH & Co. KG, Fulda

ISBN: 978-3-89416-506-2
Printed in Germany

Dieses Buch ist erhältlich in jeder Buchhandlung Deutschlands, Österreichs, der Schweiz und der Beneluxländer. Bitte informieren Sie Ihren Buchhändler über folgende Bezugsadressen:
Deutschland Prolit GmbH, Postfach 9, 35461 Fernwald (Annerod) sowie alle Barsortimente
Schweiz AVA-buch 2000, Postfach 27, CH-8910 Affoltern
Österreich Mohr Morawa Buchvertrieb GmbH, Sulzengasse 2, A-1230 Wien
Belgien & Niederlande Willems Adventure, ***www.willemsadventure.nl***
direkt Wer im Buchhandel kein Glück hat, bekommt unsere Bücher zuzüglich Porto- und Verpackungskosten auch direkt über unseren Internet-Shop: ***www.reise-know-how.de.***
Zu diesem Buch ist eine **Audio-CD** erhältlich in jeder Buchhandlung Deutschlands, Österreichs, der Schweiz und der Benelux-Staaten oder als **MP3-Download** unter ***www.reise-know-how.de***
Der Verlag möchte die **Reihe Kauderwelsch** weiter ausbauen und **sucht Autoren!** Mehr Informationen finden Sie unter ***www.reise-know-how.de/rkh_mitarbeit.php***

Kauderwelsch

Claudia Daley
&
Martin Lutterjohann

Neuseeland Slang

das andere Englisch

Kauderwelsch-Slangführer sind anders!

Warum? Sie sind bestens mit der Landessprache vertraut und verstehen trotzdem nur die Hälfte, wenn Sie mit den Menschen vor Ort so richtig ins Gespräch kommen?

Gerade wenn Sie sich in der „Szene" bewegen oder Menschen in ihrem ganz normalen Alltag antreffen, sie auf der Straße ansprechen, mit ihnen ein Bier in der Kneipe trinken, ist deren Sprachgebrauch Meilen entfernt von der offiziell verwendeten Hochsprache in den Medien und den Bildungsinstituten.

Man bedient sich der **lockeren Umgangssprache** und vieler **modischer Slangbegriffe**, die oft nicht einmal die gesamte Bevölkerung versteht, sondern nur bestimmte Altersschichten, eingeschworene Szenemitglieder oder Randgruppen.

Die meisten Slangausdrücke haben eine kurze Lebensdauer und finden nie den Weg in das Lexikon. **Slang ist vergänglich.** Aber es bringt die nötige Würze in das sonst zu dröge daherkommende, in der Hochsprache geführte Gespräch.

Die wahre Vielfalt einer Sprache liegt in diesem lebendigen Mischmasch von Hochsprache, Umgangssprache und Slang. In diesem bunten Mix spiegeln sich **Lebensart, Lebensgefühl** und **Lebensphilosophie** der Menschen vor Ort.

Da die Umgangssprache eher gesprochen als geschrieben wird und es für deren Schreibweise keine festen Regeln gibt, werden Sie immer wieder auf unterschiedliche Schreibweisen der Slangworte stoßen, wenn Sie diese denn einmal geschrieben sehen.

Die AutorInnen werden Sie immer wieder zum Schmunzeln bringen und Ihnen gekonnt Mentalität und Lebensgefühl des jeweiligen Sprachraumes vermitteln. Es werden Wörter, Sätze und Ausdrücke des Alltags aus der Kneipe und dem Arbeitsleben, die Sprache der Szene und der Straße erklärt. Im Anhang sind diese in 1000 Stichworten geordnet, damit Sie die täglich gehörten Begriffe und Wendungen finden können, die bisher kaum in Wörterbüchern aufgeführt sind.

Inhalt

Einleitung

Konversation

Anhang

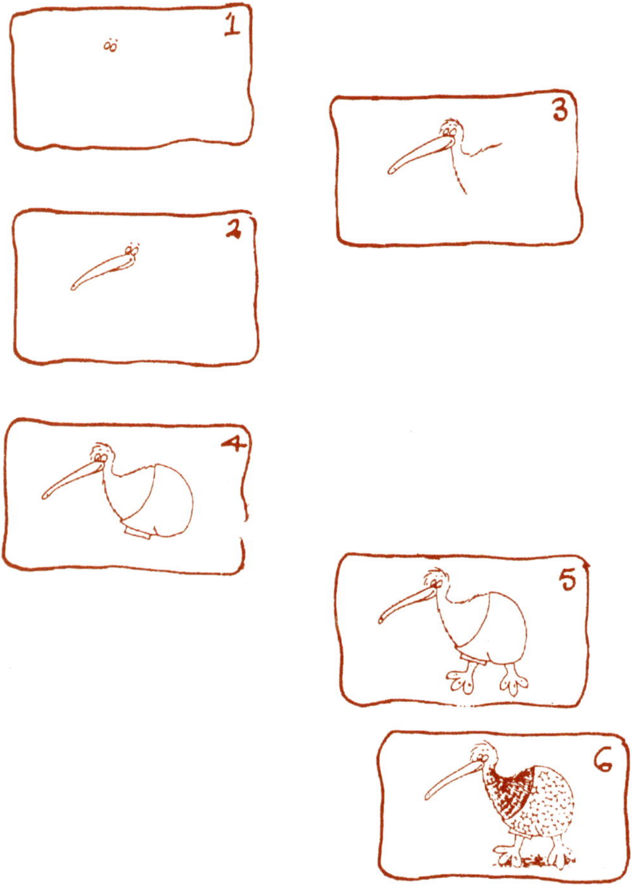
1
2
3
4
5
6

Vorwort

Der vorliegende „Slang-Band“ der Kauderwelsch-Reihe soll einen kleinen Überblick über die neuseeländische Umgangssprache geben.

Er richtet sich an Neuseeland-Reisende, die über ein Minimum an englischen Sprachkenntnissen verfügen, die aber nicht regelmäßig Kontakt mit dem Kiwi-Alltag haben oder die sich nicht so lange in Neuseeland aufgehalten haben, dass sie in den „Code“ des dortigen Umgangsenglisch eingeweiht sind. Wenn man sich nämlich als harmloser Reisender (oder als Neuzugereister) auf Neuseelands Boden begibt, merkt man schnell, dass es eine Vielzahl von Situationen gibt, in denen man mit dem mühsam erlernten Schulenglisch nicht mehr folgen kann: Wenn man Gesprächen bei **shark & taties** (fish & chips) oder im Pub an der Ecke lauscht, sich mit einem erregten Thekennachbar oder Party-Gast auseinandersetzen will, wenn man ein Exemplar des Comics **„Footrot Flats“** in die Hände bekommt oder auch nur einem Live-Interview am Fernsehen oder Radio folgen will. Es geht hier also um das gesprochene Alltagsenglisch in Neuseeland.

Zum Geleit möchten wir auch anmerken, dass die Ausdrücke in diesem Buch selbstverständlich nichts mit unserer Einstellung zu

Readers, We ask you to keep in mind that this compilation of words does not reflect the view of the authors. This should be self-evident. It is not in our intention to promote the usage and/or continuation of societal, racial and ethnic slurs, and we regret the need for their inclusion. In fact, we'd prefer they didn't exist at all! We merely note them because the German traveller is likely to come across them in movies, novels and other everyday situations. This list is by no means complete. Please consult the publisher's address for additions, comments etc.

tun haben. Das gilt besonders für Schimpfwörter und beleidigende Ausdrücke. Es liegt ausdrücklich nicht in unserer Absicht, dass die aufgeführten diskriminierenden Ausdrücke verwendet oder verbreitet werden. Wir haben sie aufgelistet, weil es sein kann, dass man ihnen begegnet (in Filmen, Büchern oder auf der Straße), und verstehen sollte man, was man hört. Diese Sammlung ist nicht vollständig.

Claudia Daley und Martin Lutterjohann

Hinweise zur Benutzung

Diese Wort- und Phrasensammlung ist grob in zwei Teile gegliedert: Es geht los mit typisch neuseeländischen Ausdrücken, die Ihnen in bestimmten Situationen begegnen werden, z. B. auf der Farm oder im Straßenverkehr. Das ist nicht immer Slang, aber immer typisch für Neuseeland.

Im zweiten Teil geht es dann um echten Slang, die Umgangssprache. Wissenschaftlich gesehen ist Slang eine „Low-Level-Sprache", die von unteren sozialen Schichten ausschließlich gesprochen wird, da ihnen die „Hochsprache" einfach nicht geläufig ist. Darin wimmelt es von „Spezialausdrücken" und „unfeinen" Wörtern. Bei letzteren ist es nötig, recht genau zu differenzieren. Auch bei uns kann ja das Wort „Scheißkerl" je nach Situation und angesprochener Person durchaus mal freundlich, mal höchst beleidigend sein. Auch werden sich zwei Männer an der Theke anderer Ausdrücke für Frauen bedienen, als wenn eine Frau neben ihnen steht.

Wir verstehen slang *als die Sprache, die von den Leuten im alltäglichen Leben gesprochen wird, wenn man nicht auf die Etikette achten muss*

Solange man in einer Gemeinschaft diese Sprache versteht, hat sie auch ihre Berechtigung. Wenn man erst einmal die Grundregeln verstanden und sich in die Sprache eingehört hat, fällt es auch nicht mehr so schwer, sein Gegenüber zu verstehen.

Wir haben versucht, die Übersetzung der

*Völlig vulgäre Ausdrücke sind im Buch immer durch ein * gekennzeichnet, damit Sie beurteilen können, ob Sie diesen Ausdruck selbst aktiv verwenden wollen oder könnten.*

Ausdrücke im Deutschen auf dem gleichen Sprachlevel zu halten. Trotzdem ist bei der Anwendung Vorsicht geboten. Abwertende Ausdrücke und Beleidigungen sind eh nicht zum Gebrauch, sondern dienen lediglich zum besseren Verstehen. Hierzu auch ein Zitat aus „Das Wörterbuch" von den Gebrüdern Grimm: „Ein Wörterbuch ist nicht dazu da, die Wörter zu verbergen, sondern um sie hervorzubringen."

Im Anhang dieses Buches sind alle Ausdrücke, die vorkommen, noch einmal stichwortartig und alphabetisch geordnet aufgelistet. Die Seitenzahl dahinter gibt an, wo das Wort erwähnt wird und denmach auch die Übersetzung steht. Hört man z. B. „Don't get your knickers in a twist!", findet man unter „knickers" und „twist" die entsprechende Seite.

Giv'em a Taste of Kiwi

Allgemeines zu Kiwi-Country und -English

Von uns aus gesehen liegt Neuseeland auf der entgegengesetzten Seite des Erdballs. Nur zum Mond ist es weiter als zu unseren Antipoden. Ein Blick in den Atlas zeigt uns auch, wie isoliert dieser Inselstaat ist. Klar, dass die Kiwis in der Sprache Eigenheiten entwickelt haben. Ihr Englisch klingt weitaus britischer als das der Aussies (Australier), aber in der Umgangssprache gibt es viele Gemeinsamkeiten mit den westlichen Nachbarn. Die Aussprache ist aber doch deutlich anders. Die Selbstlaute sind oft auf charakteristische Weise verdreht, klingen flacher und gedehnter als im britischen oder australischen Englisch. Wenn Sie Kiwis sprechen hören, werden Sie verstehen, was gemeint ist.

kiwi *ist nicht nur das Wappentier und die gleichnamige Frucht sondern auch der Spitzname der Neuseeländer, den diese bevorzugt für sich selbst gebrauchen.*

Wenn auch Neuseeland und Australien gut nachbarschaftliche Beziehungen pflegen, würden zumindest Kiwis nie ernsthaft auf die Idee kommen, sich mit den Aussies zu einer politischen Einheit zu verbinden. Eine gewisse „splendid isolation“ (die ja einst für das Vereinigte Königreich Großbritannien galt), möchten sie sich bei aller Zuneigung, die sich auch in gegenseitigen Neckereien mit einem Schuss Spott äußert, doch bewahren.

ENZED hat bei weitem kein so buntes Völkergemisch wie das heutige Australien: Mischt die Maori mit den englischen Siedlern, die ab Ende des 17. und Anfang des 18. Jahrhunderts auf die Nord- und Südinsel kamen, dann haben Sie schon die Hauptbestandteile der Bevölkerung und Kultur beisammen, und das zeigt sich auch heute in der Sprache. In neuester Zeit besinnt man sich auch im offiziellen Neuseeland zunehmend und kehrt das Maori-Erbe mehr und mehr heraus. Und die übriggebliebenen Maori (knapp 10%) heizen der jeweiligen Regierung mit Forderungen kräftig ein.

ENZED = NZ = New Zealand

Maori *sind vor rund 1000 Jahren eingewanderte Polynesier, verwandt mit den Urbewohnern Hawaiis und Tahitis*

Giv'em a Taste of Kiwi

Kiwi-English ist, von eingestreuten Maori-Brocken abgesehen, zuallererst eine Variante des **British-English**; allerdings ist der affektierte **upper class English accent**, das **Queen's English**, im modernen Neuseeland out, auch wenn **E (= Elizabeth) II** immer noch die **queen** von Neuseeland (ebenso wie von Australien, Kanada, usw.) ist. Wer heute so geschwollen redet, **is talking with a plum in his mouth** oder ist einer der vielen **pom(mie)s in disguise**. Das sind Kiwis, die sich dadurch verraten, dass sie weniger Bier vertragen als die echten Kiwis und England noch immer ihre Heimat nennen, egal ob sie erst eine halbe Stunde oder schon ein halbes Leben in Neuseeland sind. Fast jeder (junge) Kiwi möchte aber doch einmal im Land der britischen Vorfahren gewesen sein.

pom = prisoner of Mother England

Die Schreibweise von Wörtern wie centre, litre, theatre, behaviour, labour, neighbour, programme, traveller, license, practise, *etc. folgen der englischen Tradition.*

Eine große Zahl von Ausdrücken und Redewendungen, die einem Amerikaner als seltsam oder abartig erscheinen mögen, sind nicht **kiwi**-spezifisch, sondern **British English**. So hat das im Anhang erwähnte **Kiwi-Yankee Slanguage Dictionary** über tausend Einträge. Aber wer von Ihnen seit der Schulzeit oder sonstwoher eher mit dem Englischen des **U.K.** (**United Kingdom** = Großbritannien) vertraut ist, wird rund die Hälfte der Einträge wiedererkennen. Tatsächlich hat sich das amerikanische Englisch viel weiter von den Ursprüngen entfernt als das der Kiwis oder auch der Aussies (**„U.K and U.S.A. are separated by the same language“**).

In den USA werden diese Wörter heute so geschrieben: center, liter, theater, behavior, labor, neighbor, program, traveler, licence, practice *etc.*

Persönliche Fürwörter

Einige persönliche Fürwörter werden bisweilen anders als im **Standard-English** verwendet:

Gizago! (= give us a go) — **us** *statt* **me!**
give me a go
Lass mich mal probieren!

me house, me missus — **me** *statt* **my!**
my house, my missus
mein Haus, meine Frau

She's a hot day today. — **she** *statt* **it!**
it's a hot day today
Es ist ein heißer Tag heute.

She'll be right, mate.
it'll be allright, man
Keine Sorge, es wird schon klappen.

The wife's gone shopping for the day. — **the** *statt* **my!**
my wife has gone shopping for the day
Meine Frau ist heute beim Einkaufen.

Abkürzungen

Was Ihnen auch auffallen wird, ist die Tendenz der Kiwis (aber auch der Aussies) Wörter gerne zu verkürzen oder zusammenzuziehen:

ta	*thankyou*	**ya**	*you*
veges	*vegetables*	**burbs**	*subburbs*

Noch typischer sind die auf **-y** oder **-ie** endenden Abkürzungen:

ciggies	*cigarettes*	Zigaretten
kindy	*kindergarten*	Kindergarten
postie	*postman*	Briefträger
pozzie	*position*	Platz, Position

The Islanders

Neuseeland und seine Bewohner

Das sind die Ausdrücke für Neuseeland:

aotearoa	Land der großen weißen Wolke. Das war das erste, was die Maori von NZ sahen
enzed	NZ = New Zealand
god's own (godzone)	Gottes eigenes Land, NZ aus der Sicht der patriotischen Neuseeländer

Die geographische Zuordnung der Bewohner:

North Islander
South Islander

Im Land werden Sie sehr schnell merken, wie sehr die jeweilige Insel, auf der die Leute leben, ihre Identität prägt. Entweder bist du **North Island(er)**, wo zwei Drittel aller Kiwis leben, oder **South Island(er)**. Die Südinsel ist größer, weitaus dünner besiedelt, wilder, landschaftlich großartiger, aber auch kälter.

Stewart Islander

Natürlich gibt's auch noch **Stewart Island** im Süden und andere, kleinere Inseln.

Wenig schmeichelhaft ist der Name, mit der Nord- und Südinsulaner die anderen Inseln bedenken: **„Pig Island"**. Nicht zuletzt wegen der Wildschweine in den entlegeneren Gegenden beider Inseln, ist NZ ein Paradies für Jäger. Für Aussies steht **pig island** für ganz Neuseeland.

„Pig Islander"

Im übrigen nennen die Leute ihre eigene Insel jeweils **mainland** - egal, auf welcher der beiden Hauptinseln sie leben. Einerseits saß Gott Mani, der Sage nach, eines Tages auf der Südinsel und angelte die Nordinsel aus dem Wasser, was klären sollte, wo das eigentliche **mainland** liegt. Andererseits wohnen die meisten Leute auf der Nordinsel, und dort liegt auch das politische, wirtschaftliche, kulturelle Zentrum. Allerdings hat die Südinsel mehr Landmasse, Schafe und Bodenschätze. Wie gesagt, es kommt darauf an, wer wo lebt.

Die Inselbewohner

enzedder (NZer) und Kiwis hatten wir ja schon.

coconuts * sind zwar braun wie die Maori, aber gemeint sind die in NZ lebenden Polynesier von den Pazifik-Inseln, z. B. die **Cook-Islander**; die Maori verwenden gern diesen abfälligen Ausdruck, sie mögen nämlich nicht, dass ihre entfernten Verwandten sich in Jobs oder Gegenden breit machen, die angestammte Maori-Domänen sind.

Die Maori selbst werden natürlich auch nicht verschont: **hori*** ist ein abwertender Ausdruck der Weißen für die Maori.

Gefährlicher ist das von den Australiern übernommene **bong** *, mit dem dort die Aborigines, die Ureinwohner, gelegentlich bedacht werden. Maoris oder andere Polynesier in deren Gegenwart so zu benennen ist eine Einladung zu einem Kampf.

Joe Bloggs /Joe PakiPaki from Opunaki steht für den „typischen“ Mittelklasse-Kiwi mit Eigenheim und zwei Kindern.

dallie* beleidigt ursprünglich aus Dalmatien stammende Weinbauern, die vor allem im Norden der Südinsel leben.

die, die nicht in NZ wohnen

aussie, ocker, ozzie allesamt sind natürlich Australier. Kiwis halten sie für etwas ungehobelt. Aussies belächeln hingegen die Kiwis als Habenichtse (was Ressourcen, Landmasse, Bevölkerungszahl betrifft).

Für Einwanderer gibt es Abwertendes:

chinks*	Chinesen
frogs*	Franzosen
itie*	Italiener
wog*	alle Dunkelhäutigen, Farbigen
choppers*	malaysische Studenten an Universitäten in NZ, eigentlich: Zähne.

wog = worthy oriental gentleman

Und dann gibt es natürlich die wenig schmeichelhaften Ausdrücke für Engländer: **pom, pommie, tommie, bastard***. So sehen auch die Aussies ihre „Vorfahren“.

Haere Mai

Maori Ausdrücke

Im alltäglichen Gebrauch gibt es natürlich einiges an Maori-Ausdrücken:

pakeha sind wir Weißen, die im Grunde keine Ahnung haben von **maoritanga**. Die ursprünglichen Siedler gaben sich nicht mit einer Kultur ab, zu der auch das Verspeisen von Menschen gehörte. Aber erstens haben die Maori seit über 100 Jahren niemanden mehr gegessen, zweitens erwies sich ihre Kultur als sehr differenziert und vielschichtig. Heute haben viele **pakeha**, womit in erster Linie die weißen Kiwis gemeint sind, ein echtes Interesse an dieser polynesischen Kultur entwickelt.

maoritanga = *Maori-Kultur, Bedeutung*

Die Maori mit ihrer anderen Arbeitsethik gehören zu den Ärmeren in Neuseeland, der Anteil der Arbeitslosen unter ihnen ist höher, auch die Probleme, die damit einhergehen. Sie mögen gegenüber vielen **pakeha** misstrauisch sein. Wer aber Zugang zu ihnen findet und sich für ihre Art zu leben wirklich interessiert, kann mit warmherziger Aufnahme rechnen.

Die meist gehörten Maori-Grüße:

Haere mai!	Willkommen!
Haere ra!	Auf Wiedersehen!
Kia ora!	Hallo! Guten Tag!
Tena koe!	Guten Tag! (formell)

marae = *der Zeremonienplatz vor dem Haus*

Ein richtiges Begrüßungsritual ist aber viel komplizierter. Um z. B. in das Versammlungshaus eines Clans, das **marae** eingeladen werden zu können, muss der Fremde sich erst einem umfangreichen Begrüßungs- und Aufnahmeritual unterziehen. Ist man aber einmal aufgenommen, ist man gewissermaßen Teil des Clans und kann jederzeit ins **marae** und dort auch übernachten.

Es gab ursprünglich vieles, was **tapu** war, verboten, heilig. Tabu waren bestimmte Orte, z. B. Friedhöfe, aber auch Köpfe und **tohunga** (= Zauberer, Priester). Solche traditionellen Begräbnisplätze gibt es noch viele, und manche Straße macht einen Umweg darum.

Ein Maori-Begräbnis nennt sich **tangi**, was eigentlich Trauern, Wehklagen, Weinen bedeutet.

green stone = *Jade*

Als Souvenir bringen fast alle Touristen einen **greenstone**-Anhänger mit, meist einen **hei-tiki**, eine weibliche Figur. Früher waren das faustgroße Anhänger, die als Fruchtbarkeitssymbol dienten, heute sind es oft nur daumennagelkleine Glücksbringer.

Kunstvoll sind auch die Knochenschnitzereien und die Schnitzereien aus der **paua**

(Meeresohr-Schnecke), deren Innenseite mit Perlmutt überzogen ist und deren Fleisch in den take-away-Lokalen oft paniert angeboten wird.

Der Alltag aller Kiwis ist durchsetzt mit Maori-Ausdrücken, viele Pflanzen, Fische und anderes Getier, Früchte, einheimisches Gemüse und die meisten Orte haben die ursprünglichen Namen der ersten Besiedler beibehalten. Auch sonst wird die Sprache heute gern mit Maorismen durchsetzt, ist man doch mittlerweile stolz auf diese Besonderheit und darauf, wie gut die Maori-Kultur in **godzone** integriert ist - im Gegensatz zu der der **abos** in Australien. Viele Maori denken allerdings weniger schmeichelhaft darüber. Aber man bemüht sich in der Tat. Im Fernsehen hört und sieht man täglich Maori-Sendungen.

Maori-Ausdrücke rund ums Essen

Rund ums Essen, **kai**, gibt es eine Menge Ausdrücke im Neuseeländischen Englisch, die von den Maori übernommen wurden: **puha**, eine spinatartige Sumpfpflanze; **kumara**, eine beliebte Süßkartoffel.

Viele Arten von **manu** (Vogel), und **ika** (Fisch), **hua whenua** (Früchte der Erde, also auch Gemüse), haben ihre Maori-Namen beibehalten, z. B. die **huhu**-Larve, die roh gegessen wird.

Appetitlicher ist das berühmte **hangi**, das

Touristen meist nur in Gestalt eines Hotel-**hangi** in Rotorua kennenlernen, wo es nicht, wie es sich gehört, im Erdofen zubereitet wird:

In einem Erdloch werden Flusssteine erhitzt, darauf legt man das in Blätter gewickelte Essen, meist Fleisch, **kumara** und anderes Gemüse, darauf kommen Blätter und Gestrüpp. Dies wird mit Wasser besprenkelt, mit Erde zugedeckt und festgetreten. Nach einiger Zeit ist alles gar und wird herausgeholt. Danach gibt es dann **haka**-Tänze, darunter auch die wilden Verteidigungsgesänge.

Other Maori Words

ara	Weg, Straße
ariki	Oberhäuptling, heute: Gott
aroha	Liebe, Mitgefühl
atua	Gottheit, Geist
awa	Fluss, Tal
hapu	Stammesgruppe
hongi	Maori-Gruß, bei der die Nasen aneinander gedrückt werden
hui	Stammestreffen, Versammlung
ika	Fisch
iti	klein
iwi	Stamm
kainga	Siedlung, Heim
karakia	rituelles Gebet
kino	schlecht
mana	Prestige, Ansehen, Autorität, besondere Fähigkeit, übernatürliche Kraft

manu	Vogel
mauri	Leben(skraft)
maunga	Berg
moana	Meer, See
moko	Tätowierungsmuster
motu	Insel
ngakau	(Maori-)Herz, Gefühl, Stolz, Einfühlungsvermögen
noa	gewöhnlich
papa	Erde
patu	Keule, Waffe
piupiu	Hüftrock aus Flachs
pounamu	Jade, Greenstone
puke	Hügel
rangi	Himmel
reinga	Totenwelt
roto	See
tane	(Ehe-)Mann
tangata	Mensch, Volk
tapu	ungewöhnlich, verboten
te	der, die, das
umu	Erdofen
utu	Gesetz der Gegenseitigkeit, Vergeltung; auch: Preis
wahine	Frau, Mädchen
wai	Wasser
waiata	Lied
wairua	Seele, Geist
waka	Kanu
whakairo	Schnitzkunst
whare	Haus
whenua	Land; auch: Umgebung, Heimat

Living in the Big Smoke

Wohnen in New Zealand

nur wirkliche Luxusappartments werden als flat *bezeichnet*

Entweder man wohnt im **big smoke** (Großstadt) in einer Wohnung bzw. einem Appartment oder aber - und das sind rund 70% aller Neuseeländer - sie wohnen im Eigenheim in den sich weit ausdehnenden Vororten einer City, das sind Städtchen mit mehr als 20.000 Einwohnern. Wenn's geht, haben sie zusätzlich noch irgendwo draußen ein Wochenendhäuschen an einem See, am Meer, in den Bergen oder sonstwo: **bach** (ausgesprochen: batch) sagt man dazu auf der Nordinsel, **crib** auf der Südinsel.

Die Eigenheime sind oft eingeschossig, im Bungalow-Stil, aus Holz gebaut, sie heißen meist **villa**, sind äußerlich aber weitaus bescheidener als deutsche Gegenstücke. Manche teilen sich ein Haus, leben also in einer Doppelhaushälfte, **semi-detached** auf einem vielleicht hübschen Baugrund **(section)** erworben durch einen Makler **(land agent)**. Manche haben ihr Haus nicht an der Straße sondern in der Reihe hinter den zur Straße gelegenen Häusern, das sind **leg-ins**. In der Großstadt gibt es aber auch Eigentumswohnungen, **own-your-own**.

Wenn jemand Haus- oder Grundbesitz hat, heißt das **property**, der Besitz. Ein besonders hübscher Besitz ist für die, die es sich leisten

können, eine **gentleman's residence**, das sind stattliche Steinhäuser, zweigeschossig, oft noch aus der viktorianischen Ära. Gibt es mehrere solcher Häuser in der Nachbarschaft, ist es sicher eine **pluty neighbourhood**, kein Ort für arme Leute. Wollt ihr irgendwo einziehen, **shifting**, denkt daran: Bei **northern exposure** habt ihr's behaglich warm, das ist nämlich die Sonnenseite. Baut ihr euch euer eigenes Heim, ist es hoffentlich **just like a bought one**.

Um das Haus herum gibt es meist etwas Grün, da zahlt es sich aus, wenn man ein grünes Händchen, **green fingers**, hat. Zum Garten gehören manchmal - ja auch bei den Kiwis - **garden gnomes** (Gartenzwerge) und ein Platz zum Wäschetrocknen, **drying green**.

Jedes Haus, das was auf sich hält, hat eine **lounge**, ein Wohnzimmer, das auch **family room** genannt wird, wenn es als solches benutzt wird. Sie dienen oft vor allem zum Empfang von Gästen.

Varianten von Toilette:
bathroom
lav
toilet
dunny
grot* *(vulgär)*
bog* *(vulgär)*
loo *(Frauenausdruck)*

Zu jedem Haus gehören die Örtlichkeiten, für die es typischerweise mehrere Namen gibt, gemeint ist nicht das Bad, **bathroom**, sondern z. B. **lav, toilet**, **loo**, **dunny, grot*** oder **bog***, die vulgären Varianten. Toiletten sind in NZ meist keine gemütlichen Örtchen: Sie sind nicht geheizt und das **toilet paper** hat nicht selten die Qualität alter Zeitungen. Überhaupt die Heizung: Schlafzimmer bleiben nachts kalt, Zentralheizung ist die Ausnahme, häufiger ist **fire**, was auch elektrische Heizkörper meinen kann.

Apropos Bad: das Badewasser läuft nur unter physikalisch exakten Bedingungen im Vergleich zur Nordhälfte verkehrt herum in den Ausguss aus, aber normalerweise sind „Störfaktoren" wirksam.

„Please turn up the air conditioning" meint manchmal das, was wir darunter verstehen, aber häufiger: „Dreh die Heizung auf".

Weniger gemütlich ist's im **washhouse** bzw. der **laundry**, das eine ist die traditionelle, die mit dem Waschkessel **(copper)** das andere die moderne Waschküche mit Waschmaschine. Getrocknet wird draußen, danach kommt die Wäsche an einen Platz neben dem Heißwasserbehälter, diese Prozedur heißt: **air the washing**. Im Herd gibt es übrigens oft - wie in den alten Bauern- oder Almherden - eingebaute Wasserbehälter, in denen das Wasser ohne Zusatzkosten heiß wird, the **wetback**. Praktisch, wie die Kiwis nun einmal sind, haben sie sogar **wetback destructors** zusätzlich zu den gewöhnlichen **destructors**. Das eine ist ein Müllverbrennungsofen mit integriertem Heißwasserbehälter, das andere ein purer Müllzerstörer (gemeint ist brennbarer natürlich).

In der kalten Jahreszeit gibt's zum Bettwärmen die **hottie**, Wärmflasche (oft mit selbstgestrickter Hülle), und zum Zudecken die Daunendecke, **eiderdown**. Man kann sich freilich auch noch anders wärmen, aber davon ist erst später die Rede.

pop: *ein vielseitiges Wörtchen!*

„Pop this in the fridge for me, will you?"
Würdest du mir das bitte in den Kühlschrank stellen?

„I'm going to pop the kettle on."
Ich mach, schon mal heißes Wasser.

„I'll just pop out and get the washing in."
Ich geh, mal eben raus und bring' die Wäsche rein.

Begriffe aus dem Haushalt

elektrische Geräte waren traditionell weiß, daher:

tranny	Transistorradio
telly / goggle box	Fernseher
white goods	Herd, Kühlschrank, Waschmaschine
Califont	Boiler
globe/bulb	Glühbirne
Slikka Pads	Kühlelemente
Coolibah/chilly bin	Kühlbox
gig lamps	Brille
brolly	Regenschirm
seats	Sitzelemente, Kissen
wardrobe	Kleiderschrank
clothesgrips/pegs	Kleiderhaken
humpty	Sofa
low/tallboy	Kommode
duchess	Frisierkommode
bottom drawer/ glory box	Aussteuerkiste
range	Küchenherd
oven tray	Kuchenblech
hot points/plugs	Steckdosen
switches	Schalter
Snowtex	Synonym für **tissue**
torch	Taschenlampe
tinny/tinnie	Bierdose
scratcher/grunter	Liege
Wellingtons/gummies/ gumboots	Gummistiefel
vacuum tube	Innenteil der Thermoskanne

Biro	Kugelschreiber
match	Streichholz, Spiel
tea chest	Teekisten, praktisch bei Umzügen etc.
tea towel	Geschirrtuch
face flannel	Gesichtstuch
kitchen tidy	Abfalleimer
local rag/ Saturday paper	Wochenendausgabe der Zeitung
jug	Einliterkrug Bier auch: elektrischer Heißwasserbereiter
tin	Dose
rubbish	Abfall, Müll
tip	Abfallhaufen
jandals	Sandalen
toby	Hauptventil
pram/sulky	Kinderwagen

No Piss in the Hand

Lernen und Studieren in NZ

im Vorschulalter

Lernen beginnt bekanntlich schon bei der Geburt, erst zuhause, dann in der Krippe, **creche**, danach im Kindergarten, **kindy**. Dorthin gehen die 3-5jährigen Kinder zwei halbe Tage pro Woche. Kindergärten in Neuseeland sind kostenlos; sie unterstehen der **Free Kindergarten Association**. Neben den staatlichen gibt es auch kooperative Kindergärten, **playcentres**, die von ausgebildeten Eltern, **playcentre supervisors**, geführt werden. Auch dorthin gehen die Kinder nur zwei bis drei halbe Tage.

die Schulformen

Danach geht es weiter mit der **primary school**, die manchmal auch **normal school** genannt wird, daran schließt sich die **secondary school** und das **college** an. Folgendermaßen verteilen sich die Klassen und zugehörigen Altersstufen:

primers 1, 2, 3,4	(Alter: 5-7)
standards 1, 2, 3, 4	(Alter: 7-11)
standards 5, 6 bzw. **form 1, 2**	(Alter: 11-13)
(college) forms 3, 4, 5, 6, 7	(Alter: 13-18)

Lehrer & Rektor

Lehrer heißen **teachers**, die Rektoren **headmasters**, die so selbstherrlich wie Kapitäne regieren dürfen. Aushilfslehrer nennt man interessanterweise **relief teachers**, damit wird dann auch gut zum Ausdruck gebracht, dass sie eine Entlastung sind.

Lehrer werden am **teacher's college** in einem Drei-Jahres-Kurs ausgebildet; nach bestandenem Examen gibt es das **teaching certificate**. Lehrer unter 30 mussten früher einen dreijährigen **country service**, Dienst auf dem Land - in Zwergschulen nur 2 Jahre, ableisten. Da auf dem Land das Wohnhaus gestellt wird, zu dem manche Annehmlichkeiten gehören, kehrten manche Lehrer vom **country service** nicht mehr zurück.

Die Gewerkschaft der Mittelsstufenlehrer ist die Post Primary Teachers Association (P.P.T.A.), *die recht militant ist.*

Wenn der Tag zu schön ist, denken sich manche: **I'm going to wag school today** und schwänzen die Schule. Dafür konnte es früher für Buben (Mädchen höchstens unter zehn) unfreiwilligen Kontakt mit einem **strap**, Lederriemen, auf die Hände oder mit dem

cane, Stock, auf den Po (Mädchen nie) geben. Wenigstens einmal im Schülerleben solchermaßen behandelt zu werden, gehörte einst nach Auffassung vieler männlicher Schüler irgendwie dazu. Heute ist das **caning** - die Schule schwänzen - strengstens verboten.

Zum Nutzen der Schule (oder Kirche) am Ort gibt es manchmal **jumble sales**, mit Kram, der von den Eltern gestiftet wurde. Für jüngere Mädchen gibt es eine beliebte Freizeitbeschäftigung, falls sie nicht **girl guides**, Pfadfinderinnen, sind: sich einer Truppe von 10-50 **marching girls** anschließen; solch eine Truppe gehört in fast jedes Kaff. Uniformen tragen in Neuseeland alle Mittelstufe-Schüler, grau in grau bis zur **form 5**, dann etwas eleganter mit Blazer, Krawatte und langer Hose bzw. Rock.

Zwei Begriffe zum Entfernen von Geschriebenem:

duster = *Tuch oder Schwamm zum Tafelabwischen*

rubber = *Radiergummi In den USA bedeutet es „Kondom“, also dort bloß nicht fragen:* „Can I borrow your rubber?“ - *peinlich, peinlich!*

Am Ende der **5th form** heißt es **swotting**, büffeln, denn dann geht es um das **school cert**. Um in den (bis zu 6) Fächern eigener Wahl die jeweilige Prüfung zu bestehen, müssen die Schüler 50% aller Schüler im Lande hinter sich lassen. Die Prüfungen können wiederholt werden. War die Prüfung leicht, war es ein **piss in the hand**.

Der/die Klassenbeste in der letzten Klasse, der **7th form**, wird **dux**, Führer, genannt. In dieser Klasse gibt es ein Examen, das **bursary** genannt wird: wer zu den 4% der Besten gehört, bekommt ein kleines zusätzliches Taschengeld zum Universitätsstipendium.

Die Schüler achten untereinander auch auf

Disziplin, die dafür zuständige Schüler-Miliz sind die **prefects**, mit dem **head prefect** an der Spitze.

Männliche Absolventen eines **college** sind die **old boys**. Das **old boy network** ist aber keine dazugehörige Organisation, sondern meint soetwas wie „Vitamin B Cliquenwirtschaft" und ähnliches.

university wird oft - wie bei uns - als Uni oder - für uns eher ungewohnt - als **varsity** bezeichnet. Dort gibt es Fakultäten, **faculties**. Ein Lehrstuhl ist ein **chair**, den ein **professor** innehat.

Ein Fach studieren oder einen Kurs absolvieren heißt einfach: to do....

Nach den Examen wird im Mai eine Woche gefeiert, **capping**, mit Paraden, schräger Dudelsackmusik, Besäufnissen und diversen Scherzen: die Polizei pflegt dann ein Auge zuzudrücken. Zu den Abschlussfeiern gehören auch oft musikalische Darbietungen auf der Bühne, die nicht zimperlich sind. Das gilt auch für die zugehörigen Zeitungen, **capping mags/magazines**, die bisweilen recht obszön sind.

Rattle Your Dags

Arbeiten in NZ

Wie bei uns, arbeiten auch die meisten Kiwis nach eigenen Angaben fürs Finanzamt, das hier **Inland Revenue (IR)** heißt. Das unserer Lohnsteuerkarte entsprechende Formular ist das **IR 12**, und sicherheitshalber wird die Lohnsteuer schon im voraus vom Wochenlohn abgezogen; diese Steuer heißt denn auch sinnigerweise **P.A.Y.E.**. Was ausgezahlt wird, ist dann **nett**, netto. Vielleicht gibt es noch ein paar **perks** (= Job-Privilegien).

Do you have the makings of a hard grafter?
Habt ihr das Zeug zum Malocher?

Have you done your messages?
Hast du deine Aufträge erledigt?

Zur richtig harten Arbeit, **hard yakker**, gehört die regelmäßige **smoko**, die Zigarettenpause, die sich oft zur Brotzeit ausweitet; dementsprechend heißt sie dann **morning tea, coffee break** oder **afternoon tea**, eine einfache Tee-Kaffeepause ist ein **cuppa** (= a cup of tea/coffee).

Weder am Wochenende noch an Feiertagen oder im Urlaub, aber an allen Vormittagen ereilt Werktätige die mysteriöse **9 o'clock flu**, oder sie machen gleich blau **(take a sickie)**, aber nur für einen Tag!

Der Tag nach dem Zahltag wird offenbar von Maori, die nicht die Mittelklassen-Arbeitsmoral der **pakeha** teilen, gern zu einem zusätzlichen Feiertag erklärt, darum heißt er im Volksmund **Maori holiday***.

Wenn der Job gut, aber das Visum abgelaufen ist und jemand immer noch im Land ist, wird er/sie zum **overstayer**, was Kiwis nicht gern sehen.

Ein paar Durchhalteparolen

Try it on!	Versuchs mal!
flat out, flat stick	mit aller Kraft und ohne Unter brechung
Rattle your dags!	Beeil dich, mach zu
Muck in!	Beeil dich! Mach voran!
fart arsing around	lahmarschig sein
muck up	Durcheinander
dog's breakfast	schreckliche Unordnung
clerk	Angestellter
cushy job	leichte Arbeit
charge hand	Vorarbeiter
dustman	Müllarbeiter
bush carpenter	kein Beruf, aber eine Haltung: Wichtig ist, dass das Trum funktioniert, nicht wie es aussieht.
bushwacker	Leute, die im Busch arbeiten
offsider	Partner, meist Juniorpartner
getting sacked	gefeuert werden
screw	Gehalt
buggering around/ muck around/ muck about	herumtrödeln, -hängen, herummurken

Das kann auch auf den eigenen Gesichtsausdruck zutreffen: he looks like a dog's breakfast = *nämlich schrecklich (verkatert) oder übermüdet.*

oder: to be sent down the road

Paddocks and Wop-Wops

Landwirtschaft

Wo sind denn die **wop-wops**? Ganz einfach: Wenn jemand eine Stunde von der nächsten Siedlung entfernt wohnt und der Nachbar nur selten auf dem Pferderücken oder Motorrad zu Besuch kommt, dann lebt er mittendrin. Das neuseeländische Hintertupfing, regional auch **whykickamoocow** genannt. Und der typische Bauer ist **Fred Dagg**, eigentlich ein Komödien-Charakter. Wer im Süden **(Southland)** frisch vom Land kommt, ist **off the turnips**, frisch aus den Rüben.

Landwirtschaft bestimmt das Leben der meisten Kiwis. Da ist es gut, wenn ihr unterwegs mitreden könnt:

A&P shows sind dazu ein unterhaltsamer Einstieg. Sie werden von der Landwirtschafts-und Weide-Gesellschaft **(Agricultural and Pastoral Society)** veranstaltet. Am **show day**, meist ein Freitag, dem ersten der oft drei Tage andauernden Schau, ist alles auf den Beinen. Ämter und Geschäfte haben zu. Es werden landwirtschaftliche Maschinen, neue Düngemittel, preisgekröntes Gemüse oder Zuchtbullen vorgestellt. Zum Vergnügen gibt es Rodeoveranstaltungen, Schafschurwettbewerbe, Polo-Spiele, Karussells für Kinder. Etwas für die zahlreichen Schlechtwettertage, aber nicht nur dann.

bei Regen sollte man seine gumboots *= Gummistiefel mitbringen*

Golden Shears ist die jährlich in Masterton (nordöstlich von Wellington) ausgetragene nationale Schafschurmeisterschaft. Da geht es um Schnelligkeit, saubere Arbeit (keine Verletzungen der Tiere). Die **champions** erledigen bis zu 20 Tiere in der Stunde.

station	übliches Wort für Bauernhof
cocky	Bauer, es gibt Rinder-, Schaf- und andere Bauern, aber nur die mit den Kühen werden gesondert bezeichnet als: cow cockies
run holder	Bauern, die das Land gepachtet haben
paddocks	sind alle Arten von Weiden, die allesamt eingezäunt sind. In NZ ist mehr Grasland eingezäunt als bei uns.

Es werden aber auch Kakadus mit „cocky" angeredet!

fencing ist das Einzäunen. Es gibt darauf spezialisierte Firmen, aber jeder **cocky** muss das auch selbst können. Meist wird dafür **number 8 fencing wire** genommen (halb so dick wie ein Bleistift).

Taranaki Gate ist eine einfache Methode, eine Toröffnung in einem Weidezaun anzubringen, benannt nach dem Berg Taranaki, Mt. Egmont, in dessen Umgebung fruchtbares Acker- und Weideland liegt. Bei uns gibt es auch solche Öffnungen, erkenntlich an zwei Zaunpfählen, die mit Drahtschlaufen verbunden sind. Nach dem Öffnen unbedingt wieder schließen: den Torpfahl erst unten in die Schlaufe stecken, dann oben in Richtung zur oberen Schlaufe ziehen.

cattle stops sind Viehroste, die man unterwegs auf den Landstraßen öfter antrifft - wie in den Alpen. Sie bestehen aus Schienen in etwas über 10 cm Abstand, in denen sich die Hufe verfangen würden, weshalb das Vieh es vorzieht, nicht hinüberzuwechseln.

Rinder

Wo wir gerade beim Rindvieh sind, von denen es über 12 Millionen in NZ gibt, hierzu ein paar passende Ausdrücke:

Friesian	unsere Holsteiner Kühe, wurden nach dem 1. Weltkrieg umbenannt, weil das wohl zu deutsch klang.
bobby calf	ist das milchentwöhnte Kalb.
milk shed	ist der moderne Kuhstall, in dem maschinell gemolken wird
sharemilker	betreut die Kühe und melkt sie. Er bekommt entweder von der Milch oder von dem Erlös seinen Anteil.
stock agent	Viehhändler
stock	Viehbestand

Das Melken macht häufig nicht der Eigentümer der Viecher, sondern der sharemilker, *anschließend kommt die Milch auch in die Molkerei =* milk treatment station

Es gibt auch das **game** bzw. **deer farming**: Hochwild wird auf eingezäunten Weiden für die Produktion von **wildpret** gezüchtet.

Für die Zucht von Nachwuchs an Rindern und Pferden, gibt's den **service**. Den leisten Bullen für Kühe und Hengste für Stuten; bei den Schafen heißt es **tupping**.

Wie überall in der Landwirtschaft wird auch in Neuseeland reichlich gedüngt, und zwar vor allem mit **super(phosphate)**; stammt zumeist von Guano (Vogeldung)-Ablagerungen auf der Pazifikinsel Nauru. Der Dünger, **manure**, wird bevorzugt mit Hilfe der fast allgegenwärtigen kleinen Flugzeuge verstreut. Das ist das **(aerial) top dressing**.

Abfall auf dem Land kommt in das ca. 10 m tiefe **offal hole**.

Unterwegs heißt es auf Schildern nicht selten: **„No Tipping"**. Das bedeutet dann nicht, dass ihr kein Trinkgeld verteilen sollt (diese Sitte ist zum Glück in NZ bisher nicht verbreitet) sondern, dass dort kein Abfall abgeladen werden darf.

offal hole = *ein Loch, das mittels eines gigantischen Bohrers ausgehoben wird. Oben drauf kommt dann ein Betondeckel, fertig ist das Abfallloch, in das der NZer von Küchenabfällen über tote Schafe bis zu leeren Batterien alles wirft.*

Schafe

Am wichtigsten in der Landwirtschaft sind die Schafe, von denen es über 50 Millionen gibt, mit denen sich die **sheep-cockies** unter den 3 Millionen Neuseeländern beschäftigen (bei uns ist das Zahlenverhältnis fast genau umgekehrt). Sie liefern Fleisch, Wolle und Häute für **godzone's** Bruttosozialprodukt.

Zwei Sprichwörter, aus dem Leben einer Schafzüchter-Nation:

„Red sky at night, Shepherd's delight. Red sky in the morning, Shepherd take warning."

„A lamb is a sheep before you have carried it very far"

sheep station	Schaffarm
rouseabout	Gehilfe auf der Farm, besonders bei Schafschur
woolshed	Schafscherstall, Woll-Lager
ewe	(sprich: you) = Mutterschaf
two toothed ewe	ist das zweijährige Schaf, im besten Zuchtalter.
Merino	Schaf zur gleichnamigen Wolle, sehr gefragt, vor allem auf der Südinsel gezüchtet

Hammel leben nicht lang: sie werden meist als Lämmer geschlachtet, nur einige überleben als Zuchthammel oder Wollieferanten. Junghammel heißen **hoggets**.

dag nennt man den am Hinterteil angetrockneten Schafskot und so sagt man scherzhaft schon mal: **„What a dag!"**

crutching ist die Entfernung von trockenem Kot aus der Gegend des After **(groin)**.

mountain oysters, die Hammelhoden, gelten übrigens als Delikatesse.

muster ist der Herdenauftrieb. Und **drench** hingegen die orale Verabreichung von Medizin für's Viech mittels einer Art riesigen Wasserpistole.

grassgrubs/grubs/porina, das sind gefrässige Insektenlarven auf den Weiden, gegen die Bauern einen Dauerkrieg führen. Erfolgsversprechend ist das Versetzen von Styroporkugeln mit dem Reizstoff der Weibchen, auf die sich die Männchen dann stürzen. Ja, einfallsreich sind die Kiwis zweifellos.

lambing, ist die Jahreszeit, in der alle guten Farmer draußen sind und ihren Schafen beim Gebären, hoffentlich von Zwillingen, helfen.

Hunde

dogs sind für die Kiwis auf dem Lande kein schwanzwedelndes, hochgepäppeltes Haustier sondern ein unverzichtbares Arbeitstier, das ebensowenig in die Wohnung gehört wie ein Traktor oder Pferd; billiger als ein Motorrad, stets geduldig und unbeeindruckt von den üblen Fluchschwällen, die sich über sie regelmäßig ergießen.

eye-dog/ strong-eyed dog Hütehund, der Schafe und anderes Vieh lautlos und mit hypnotischem Blick vorantreibt; er darf nie bellen, tut er's doch, wird er erschossen!

huntaway noch eine Art Hütehund, der laut bellend Schafe, Kühe und neuerdings Ziegen oder Rehe treibt. Wie der Name sagt, rennt er weit in der Gegend herum und spürt die verstecktesten Lämmer auf und treibt sie dann zur Herde zurück; er sorgt für die grobe Hütearbeit, der stumme Kollege besorgt die Feinarbeit.

Alsatian ist unser Deutscher Schäferhund, der in NZ als tendentiell bösartig gilt, was vielleicht auf seinen Einsatz als Polizeihund zurückzuführen ist?

sausage dog Dackel

„Get in behind!" ist das Kommando für Hunde, aber auch eine eher scherzhafte Aufforderung, auf der Hut zu sein und seinen Platz einzuhalten.

Streunende Hunde werden übrigens von Mitarbeitern der **Society for the Prevention of Cruelty to Animals (SPCA)**, den **dog rangers** (Hundefänger) aus dem Verkehr gezogen. Herumstreunende Hunde kann sich eine Schafzuchtnation nicht leisten.

Eine der speziellen Kiwi-"Sportarten" sind die **dogtrials**, mit Fernsehübertragung der Endkämpfe: Hunde und ihre Meister beweisen, wie gut sie zusammenarbeiten; wirklich sehenswert!

Und sonst

cat, die Katzen in NZ sind größer als eine normale Hauskatzen

pussy ist ein Kätzchen und keine Muschi, wie Amerikaner denken würden.

stroppy bedeutet störrisch, ungezähmt

pong ist ein übler Geruch, Gestank, auch starker Schweißgeruch

Freezing Works

In den works *sind oft Moslems beschäftigt, die die Tiere nach ihren strengen Bestimmungen nach einem Kurzgebet nach Mekka schlachten und ausbluten lassen.*

Das sind die Schlachthöfe, in denen das Fleisch für den Export zerteilt und meist tiefgefroren wird. Schlachthöfe, die für den Eigenbedarf operieren, heißen **abattoirs**, an die nicht ganz so strenge hygienische Bestimmungen geknüpft sind wie an die **works**, in denen für den lukrativen Export in islamische Länder, z. B. Iran, geschlachtet wird.

Die **freezing workers** gehören zu den bestbezahlten Arbeitskräften im Land, ein Trost für die extrem monotone und schwere Arbeit. Meist arbeiten sie neun Monate des Jahres und spannen den Rest aus oder verrichten leichtere Arbeiten.

Zu Beginn der jährlichen **season**, der Schlachtsaison von Oktober/November bis etwa Juni, kommt es fast regelmäßig zu Streiks **(industrial unrest/British disease)**, bei denen es natürlich ums Geld geht. Die Arbeiter haben eine Schlüsselposition, die Wirtschaft hängt davon ab, dass sie ihre Arbeit zeitgerecht beginnen. Sonst wird das Fleisch zu fett, das Futter rar, die Schiffe legen leer ab, etc. Die Leute wissen das.

Der lukrativste Arbeitsplatz in den **works** sind die **chains**, eine Art Fließband, wo jeder anders als am Fließband in einer Autofabrik, ein bestimmtes Teil entfernt. So kann sich jeder auf einen bestimmten Schnitt konzentrieren.

Zur Landwirtschaft

gumboots *bzw.* gummies *werden im* Southland *auch* Southland slippers *genannt. Sie gehören in jeden Haushalt.*

gum digger, nach denen die bereits erwähnten **gumboots** benannt wurden, förderten einst das Harz der Kauribäume zutage; dies war lange Zeit - vor dem Beginn der Viehzucht - Neuseelands Hauptexportprodukt. Es wurde für die Herstellung von Farben, Linoleum, etc. verwendet. Schöne Klumpen mit Insekteneinschlüssen ähnelten Bernstein. Heute werden

Zahnärzte bisweilen mit diesem netten Namen bedacht.

Gewächshäuser sind **glass houses**. Draußen wachsen jedoch, geschützt von hohen Windhecken, die hauptsächlichen Exportfrüchte, darunter auch die **Chinese gooseberries**, in der Welt besser bekannt unter dem clever gewählten Namen **kiwifruit**. Getreide heißt **corn**, was in den USA für Mais steht; dieser wiederum wird in NZ **Indian corn** oder **maize** genannt.

tree tomato heißt eine als **tamarillo** exportierte Baumfrucht, die aussieht wie eine Tomate, aber etwa wie die Passionsfrucht (Maracuja) schmeckt.

Tiki-Touring Around

Unterwegs in NZ

Es gibt grundsätzlich vier Arten von Straßen: **dirt-, metal road** (Schotterstraße) **seal road** bzw. **tarsealed road** (asphaltierte Straße), die in die beiden Kategorien **grade I** und **II** unterteilt sind. **motorways**, Autobahnen, gibt es zwar auch ein paar, auf denen sind allerdings nur maximal **100 km/h** zugelassen.

Rasen, **going like the clappers** , ist also nicht drin, **even if it could go like a bomb**, selbst wenn Ihr Wagen wie geölt abzischen könnte. Wer schneller als 100 fährt, **is doing the ton** oder einfacher gesagt: **going 100 km/h**. Eine Spritztour mit dem Wagen, **going for the burn**, kann trotzdem unterhaltsam sein, zumal manche der **booeye** (j.w.d.) Landstraßen **crooked as a dog's hind leg** (krumm wie die Hinterbeine eines Hundes) sind. Wenn es bergab geht, verhindern manchmal **judder bars**, künstliche Bodenwellen, die zum Abbremsen zwingen, dass es zu schnell dahingeht = **careering down the road**.

Die zwei Spuren um die die Auckland Harbour Bridge *dank japanischer Ingenieurskunst erweitert wurde, indem je eine Spur links und rechts angehängt wurde, ist die* Nippon-clipon.

Verkehrsübertretungen ahnden die **traffic officers**, Beamte des **M.O.T. (Ministry of Transport)**. Die **pointsmen** regeln den Verkehr. Der Bürgersteig in der Stadt heißt **pavement** oder **footpath**, die Bordsteinkante ist der **kerb**.

tiki-tour ist eine Spritztour. Wenn Ihnen jemand Löcher in den Bauch fragen will mit den Worten **"What are you doin' here?"**, können Sie sich auf diese Weise einfach aus der Affäre ziehen: **„I'm just tiki-touring around."** Oder man sagt, dass man einfach etwas rumkurven will – **goin' for a hoon**.

don't can off = *fall' nicht runter*

bike	Motorrad, nicht verwechseln mit town bike (Stadtflittchen)
bikie	MotorradfahrerIn, meist Mitglied einer Motorradgang à la Hell's Angels
pushbike	ist das Fahrrad, nicht zu verwechseln mit dem:
pushchair	Kinderwagen
bomb	altes Auto, oder: scharfe Frau

crate	u.a. ebenfalls altes Auto
ute/utility van	dasselbe wie Pickups: kleine Lkws, im ländlichen NZ sehr häufig und nützlich
yank tank	ist ein Ami-Schlitten
truck	Die richtigen Lkw's sind wie in den USA, deren Fahrer ist der truckie. Der gute alte lorry stirbt langsam aus
(car)park	Parkplatz
motorcamp	Campingplatz
bowsers	Zapfstelle
petrol	Benzin
petrol guzzler	Benzinschlucker
peds	Fußgänger
unit	Wellingtons S-Bahn
accelerator	Gaspedal
boot	Kofferraum; auch: Stiefel
bonnet	Motorhaube; auch: Haube, „Dachstübchen“
dipstick	Ölstab (auch: Trottel, Idiot)
mudguard	Kotflügel
speedo	Tacho
toot	tuten, hupen
windscreen	Windschutzscheibe

dazu gehört die V8 gang, *die bevorzugt in solchen Schlitten herumkurvt*

"Take care of peds" = *Achtung: Fußgänger!*

Mit einer **puncture**, einem Loch im Reifen, gibt's einen **nattie**, Platten, dagegen hilft ein **spare tyre** und der **jack**, Wagenheber. Aber Vorsicht auf der Straße, damit es keinen **prang**, Auffahrunfall mit Dellen gibt. Dann ist das Auto kaputt, **stuffed**, und muss zum **panel beater**, Karrosseriebauer.

Übrigens:
„A Kiwi's aim in life is two cars, a bach, and a boat.“

WOF, warrant of fitness: *dem neuseeländischen TÜV müssen sich die Autos alle 12 Monate unterziehen.*

Amtliches Verkehrs-Kiwi

SLIP	glatte, rutschige Stelle
FALLING DEBRIS	Steinschlag
SEAL ENDS	Asphalt endet
METAL ON ROAD	Rollsplit
NO EXIT	Sackgasse
Xing (crossing)	Bahnübergang
Peds Xing	Zebrastreifen
TOW AWAY ZONE	Falschparker werden abgeschleppt
CLEARWAY (7-9 am)	Halteverbot (7-9 Uhr)
P 40	Parken, max. 40 Min.
GIVE WAY	Vorfahrt achten
L.S.Z.	Langsam fahren!
FREE TURN	Abbiegen bei roter Ampel erlaubt

Eine Besonderheit ist auch, dass Entfernungsangaben von Ort zu Ort immer als Entfernung von einem **G.P.O. (General Post Office)** zum nächsten angegeben werden.

Totally Bushed

Unterwegs in der Natur

Wie in Australien geht man weder in den Wald noch in den Dschungel sondern in den Busch:

bush ist die neuseeländische Variante von unglaublich dichtem Urwald.

to go bush bedeutet sich in den Busch verdrücken, seine Alltagspflichten, Freunde, Familie für unbestimmte Zeit hinter sich lassen und der Zivilisation entsagen; Natur ist ja in NZ nie weit weg.

reserve ist ein Stück Natur, das dem Staat bzw. der Krone gehört **(crown land)** und in dem nur mit Genehmigung gejagt und gezeltet werden darf.

bush telegraph hat mit dem **bush** nichts zu tun, sondern bezeichnet die Gerüchteküche

Wandern heißt in Neuseeland **tramping** und zieht viele Touristen ins Land, um dort einige der berühmten **tracks** abzuklappern; am bekanntesten ist der **Milford-Track**, Kenner empfehlen den **Kepler-Track**.

Für mehrtägige Wanderungen empfiehlt es sich, fit zu sein, **fit as a trout**, sonst sind Sie schnell **stonkered** (erschöpft).

free/independent walk (auf eigene Faust), eigenes Gepäck und Essen mitschleppen, etwas weniger bequem übernachten als auf einer geführten Begehung solcher Wege.

Aus bush *kann man auch* bushed *machen, dann bedeutet es:*

(a) erschöpft:
„He was so bushed he could hardly walk“

(b) verirrt:
„I looked for that mongrel and got bushed myself”
= Ich suchte nach dem Bastard und verirrte mich selbst.

Auf geführten Touren, **sponsored/escorted walks**, trägt der Führer Verpflegung, die er/sie auch zubereitet; die Teilnehmer tragen sich selbst, ihren Schlafsack und persönliches Gepäck.

Statt Schlafsack ist auch eine **eiderdown**, daunengefüllte Steppdecke beliebt: die sich da so warm hineinkuscheln, verachten allerdings auch eine Heizung im winterlichen Schlafzimmer. Wer doch einen Schlafsack hat, braucht dann meist auch eine **bed roll**, eine Isomatte.

„I'm stonkered. Wasn't in condition to do the Routeburn Track as a free walk, and I should have bloody well known it."

= Ich bin fertig! War nicht in der Lage, den R.T. ohne Führer zu gehen, und ich hätte es verdammt noch mal wissen müssen!

In der beißenden Kälte der Dreitausender trägt man als Kopfbedeckung die **balaclava**, Sturmhaube. Als unterste Kleidungsschicht wünscht man sich sicherlich etwas **polypro**, Thermounterwäsche.

Wer unterwegs Hunger bekommt, ist sicherlich über **scroggin'** – Studentenfutter – dankbar.

Unterwegs können Sie im vergletscherten Hochgebirge der Südinsel Brocken von **greenstone** (Nephritjade) finden. Sollten Sie soviel Glück haben, wäre damit der NZ-Trip mehr als bezahlt.

Für eine Handvoll Dollar können Sie sich das **prospectors right**, das Schürfrecht, erwerben und dann auf der Südinsel, z. B. in Otago, nach Gold buddeln.

Touristen werden in manchen Gegenden (vor allem im Süden) **loopies** genannt.

Wetter

Temperaturangaben in der Wettervorhersage **(weather forecast)** werden „präzise" als: **cold, cool, moderate, mild** oder **warm** angegeben. Jeder weiß dann offenbar, was gemeint ist: je nach Lage an der 1000 Meilen langen Nord-Süd-Achse und je nach Jahreszeit.

Bläst ein warmer Wind, kommt er aus dem Norden und heißt **northerly**; ist er recht kalt, ist's der aus der Antarktis heranwehende Südwind, der **southerly**.

Regen ist bekanntlich im Lande der Kiwis keine Seltenheit, aber es gibt nicht nur tagelange wilde Wetterstürze in den Hochgebirgen sondern auch freundlichere Schauer, **sun/summer shower**, wenn es trotz Sonnenschein etwas regnet. Bei starkem Regen, kann es zu **slips**, Erdrutschen kommen.

Exotische Tiere

hu hu bug: essbare Larve großer Nachtfalter, die in umgestürzten, verrottenden Bäumen zu finden sind. Vor der Ankunft der **pakeha**, galten sie - lebend gegessen - als Maori-Delikatesse. Heute werden sie höchstens mal anlässlich von **survival trainings** der **territorials**, den Wochenendkriegern, heruntergewürgt.

mossie: Moskito

possum: Fuchskusu. Eine katzengroße Beuteltierart, lebt auf Bäumen, wird heute kaum noch wegen seines Felles geschossen oder in Fallen gefangen. Die Plage von einst ist vorbei.

wallaby: kleine Känguruart, kommt vereinzelt auf der Nordinsel vor (**possum** und **wallaby** gehören eigentlich nach Australien);

sandfly: Es gibt zwar keine Giftschlangen (außer der leicht giftigen, aber gut am roten Rückenstreifen erkennbaren **katipo**-Spinne, sowie die aus Australien stammenden **white-tail-spider** und **red-back-spider**), aber die Sandfliegen sind Neuseelands Touristenschreck, kommen gehäuft entlang der Westküste der Südinsel vor. Zur Vorsorge sei empfohlen: eine größere Flasche **DIMP** (Insektenschutz) und zur Behandlung der Stiche: **CALOMINE LOTION**.

kea: Ein lauter und zutraulicher Papagei aus dem Gebirge der Südinsel, der mit seinem scharfen Schnabel auf der Suche nach Futter manchmal Zelte oder Autodichtungen anknabbert; mit ihm verwandt ist der kleinere, auf beiden Inseln vorkommende **kaka**.

weka ist ein Waldhuhn, das gut laufen aber nicht fliegen kann, und es stiebitzt gern glänzende Gegenstände.

Nicht zu vergessen: der eigentliche, wahre **kiwi** ist ein flugunfähiger, nachtaktiver Vogel mit sehr kräftigen dicken Beinen zum Scharren und - natürlich - Laufen, langem gebogenem Schnabel und ausgezeichnetem Geruchssinn. In Natur nur mit viel Glück nachts anzutreffen, tagsüber hält er sich versteckt.

white pointer ist kein Hund der PointerRasse sondern ein Hai. Bei dessen Auftauchen ruhig an Land schwimmen!

blue duck ist eine Entenart mit Schnurrbart am Schnabel, die bevorzugt in Gebirgsbächen und Gebirgsflüssen lebt.

seagull Möven spielen in Neuseeland die Rolle, die Tauben anderswo innehaben, nur tun sie es aggressiver (auch die Bezeichnung für Gelegenheitsarbeiter auf der Werft)

cuda Der ist nicht so niedlich wie es der Name vermuten lassen könnte: ein Barracuda.

muttonbird (puffinus grisens) Manche essen gerne die nach Hammel schmeckenden Jungvögel , ansonsten dienten sie früher als Öllieferanten für die Lampen im Südpazifik.

Jagen

Ohne Jagdlizenz darf man z.T. Reh-/Damwild, Wallabies, Opossums, Kaninchen, Wildschweine jagen. Angeln ist auch fast überall frei.

Wer auf Entenjagd geht, verschanzt sich hinter der Entenblende: **mai mai**; Vorsicht aber vor einem Parasiten in südlichen Seen, der den **duck itch** verursacht.

Exotische Pflanzen

blüht mitten im Südsommer

pohutakawa, auch **New Zealand Christmas Tree** genannt, weil er zur Weihnachtszeit rot blüht, ein schöner Kontrast zu den grünen Blättern.

gorse sind Stechginsterbüsche mit hübschen gelben Blüten, stehen oft am Straßenrand und - zum Leidwesen der Farmer - auf vielen Weiden; wie Unkraut überall lässt es sich nur schwer ausrotten.

NZ bietet eine große Auswahl an exotischen Bäumen, wie die **douglas**-Fichte oder riesige **redwood**, die wachsen erheblich schneller als die einheimischen Bäume, deren berühmteste die gewaltigen **kauri** sind ; sie wurden im 19. Jh. als Bauholz exportiert, aus dem Harz gewann man Lacke und Linoleum. Heute sind sie geschützt, vor allem in Northland und Coromandel zu sehen.

kauri *erreichen bis 15 Meter Umfang, 50 Meter Höhe, und ein Alter von 1500 Jahren. Maori verwenden das Harz der* kauri *für ihre Tätowierungen*

Vergnügen zu Wasser

Das Meer ist nie weit, auch dort können Sie nach Herzenslust angeln oder sich als **yachtie**, Segler, betätigen. Vielleicht in einer aus Beton selbstgegossenen **concrete yacht** kentern **(can out)**. Aber Sie können zum Baden natürlich auch in die **baths**, Schwimmbäder, gehen. Vergessen Sie nicht ihre **togs**, Badeanzüge - Kiwis geben sich in dieser Beziehung prüder.

poms bevorzugen anfangs noch das **English sunbathing**: das riskante Entblößen der Füße oder gar Unterschenkel. Wer gern ins Wasser springt, hat die Wahl zwischen **belly-buster** und **honey pott / bomb**, Bauchklatscher und Arschbombe, wie es bei uns heißt. Wer wie eine Ente taucht, also an der Oberfläche bleibt, beherrscht den **duck dive**.

Not the Full Quid

Geld

Quid wurde einst das **pound** genannt, heute sind das NZ $ 2,00. Bis 1967 galt das englische System mit **penny, sixpence, shilling, pound**, jetzt heißt es **dollar** und **cents**. Heute sind 10 **cents** ein **bob**, früher wäre das ein **shilling** gewesen. **pennies** gibt es nur noch als Wertmünzen für Gasheizungen auf manchen Camping-Plätzen, den **motorcamps**.

Wer viel Geld hat, **is in the big bickies** (wörtlich: große Kekse). Bei Minus auf dem Konto heißt es ganz einfach: **overdraft**, Überziehung. Wer Geld nach allen notwendigen Ausgaben noch übrighat, hat **money for jam**. Das Sparbuch heißt **passbook**. Wer pleite ist, ist **broke** oder **skinned** (gehäutet). Wer dagegen viel **moolah** oder **loot**, Knete hat, muss **heaps of money** haben, haufenweise Geld.

„May I bludge a ciggy?“

Notorische Schnorrer, **bludger** mag niemand, aber wenn es nur um eine Zigarette geht, ist das o.k.

Veruntreuung von Geldern als Angestellter heißt **theft as a servant**. Wer sich aus der Kasse ohne Beleg bedient, **tickles the peter**. Dafür könnte er ins Gefängnis, **gaol** gehen.

Was teuer ist, ist **dear**. In Neuseeland ist eine **billion** dasselbe wie bei uns, eine Milliarde heißt hingegen in Neuseeland:
thousand million.

Punting - Wetten

punter versuchen es meist mit Pferden.

Anders als in Las Vegas sind Einarmige Banditen, **fruit machines**, in NZ selten.

Werden Sie zu einem Spiel namens **pontoon** eingeladen, ist das einfach **Blackjack/21, 17+4**; einigen Sie sich vorher aber über die Werte der Karten.

Beliebt ist auch **snooker**, ein überdimensionales Pool-Billard mit komplizierteren Regeln (kommt aus England, das bekannt für Spiele mit komplizierten Regeln ist).

„Rush out and buy a TAB ticket!" *sagt man jemandem, der gerade eine Glückssträhne hat.*

Tolls

Telefonieren

Doppelte Ziffern in Zahlen werden als **double** angegeben. Beim Telefonieren würden Sie für für 533700 entsprechend sagen: **five, double three, seven, double 0**. Die Abkürzung **no.** steht für **number**, Nummer.

Die Zahl „Null" spricht man: o(h)*!*

Die Telefon-Wählscheibe in **godzone** ist - vermutlich einmalig auf der Welt - verkehrt herum angeordnet: 9 - 0. Versuchen Sie es also besser nicht blind aus Gewohnheit. **local calls** von zuhause aus kosten nichts. Ist man in der Telefonzelle **(telephone box)**, sollte der Preis dort irgendwo angeschrieben stehen.

Für **toll calls**, Ferngespräche,wählen Sie den **operator** (010 für national, 0170 für international) und nennen die Nummer.

Wenn Sie ein Überseegespräch führen wollen, sagen Sie einfach **international**. Sie werden gefragt, ob die Person, die Sie anrufen wollen, das Gespräch zu zahlen bereit ist. Solche **reverse charge** bzw. **collect calls** sind praktisch: Sie können ohne einen Cent Ferngespräche führen, vorausgesetzt, der/die gewünschte Teilnehmer/in bejaht die Frage des Operators.

Auf die Frage des Operators: "Are you willing to pay for the call?" *lautet die richtige Antwort:* „Yes, I am."

Brauchen Sie keinen Operator, können Sie auch direkt wählen:

010 + **country code** (Landesvorwahl) + **local code** (Ortsvorwahl) + **number**.

Man kann natürlich auch einfach ein Fax schicken oder ein Interentcafé suchen, etc., wenn man die Telefonkosten auf beiden Seiten noch mehr einschränken möchte.

Are You Being Served?

Einkaufen

Die Einkaufszeiten haben sich in den letzten Jahren auch ständig geändert. Üblich waren Öffnungszeiten von 9-17.30 Uhr täglich und ein Tag in der Woche, dem **late night**, bis 21 Uhr, samstags geschlossen. Jetzt sind die Zeiten nicht mehr so konkret zu benennen, Geschäfte haben samstags meist geöffnet und manche sind sogar sonntags auf.

Shopping List

tomato	fast gleich geschrieben, aber anders ausgesprochen
tomato sauce	ist kein Ketchup sondern tatsächlich Tomatensoße ohne besondere Gewürze.
beetroot	Rote Beete
silverbeet	kein Beete sondern eine Art Spinat
courgette	Zucchini
swedes	weiße Rüben
marrow	eine Kürbisart
capsicum	grüne Paprika
stone fruits	Früchte mit Kernen, Steinen
goosegogs	Umgangssprache für Kiwi und Stachelbeeren
kumara	Süßkartoffel
puha	einheimischer Spinat

Are You Being Served?

In diesen Geschäften können Sie einkaufen gehen und finden hoffentlich, was Sie suchen:

delikatessen	teurer aber nicht viel besser als normale Geschäfte
butchery	Metzgerei, Schlachterei
chemist	Drogerie, Apotheke
haberdashery	Kurzwarenabteilung
drapers/ drapery	Geschäft für Bettwäsche, Handtücher, etc.
manchester department	Bettwäscheabteilung
mercers/ mercery	Herrenkleidung (altmodischer Begriff)
shop assistant	Verkäufer/in

Are you being served? = *Werden Sie schon bedient?*

dairy, der Tante-Emma-Laden, hat allgemein Mo - Sa bis 22 Uhr auf. Es gibt dort u.a. Milch, Eier, Käse, Gemüse, Konserven, Brot, Limos, Zigaretten, Zeitungen.

Auf dem Lande ist das ganze Warenangebot des Ortes beim Krämer in den **general stores** vereint, oft in Kombination mit Tankstellen und Teestuben.

Milch wird ans Haus gebracht, gezahlt wird mit **milk tokens**, Plastikchips, die jeder Milchhändler für sich herstellen lässt; zu kaufen sind sie im nächsten **dairy**. Milch kommt in 600ml-Flaschen und ist zwar pasteurisiert aber nicht homogenisiert.

Beim **fruiterer** gibt's frisches Obst und Gemüse, oder beim **greengrocer**, das sind häufig chinesische Familiengeschäfte.

Bezahlen können Sie immer mit **EFTPOS (Electronic Funds Transfer at Point of Sale)** – mit anderen Worten, per Kreditkarte oder **readycash**, in bar. Man kann Waren auch anzahlen und zurücklegen lassen: **lay-by on the never-never** heißt dagegen Ratenzahlung.

Wenn's heißt: "We're getting down on..." *dann geht die betreffende Ware aus.*

posh	luxuriös, schicki-micki
mates-rates	Freundschaftspreise
oncer	einmaliges Angebot
garage sales	private Flohmärkte bei einer Familie zuhause
flog	verkaufen oder stehlen (je nach Kontext)
punnet	Obstschachtel (Nordinsel)
pottle	dasselbe auf der Südinsel; auch: kleiner Behälter
trundler	Einkaufskarren auf zwei Rädern
ciggies/fags/ smokes	Zigaretten, Fluppen, Kippen

not worth a cracker = *ist keinen Pfennig wert*

Clobber - Kleidung

Es gibt kein schlechtes Wetter, nur unpassende Kleidung, das gilt gerade auch für NZ:

clobber	Klamotten, Kleidung; auch: Krimskrams
cardigan/ cardie	Wolljacke (je südlicher desto häufiger)
jersey	Pullover zum Zuknöpfen

„Don't get your knickers in a twist!" = *Mach, dir bloß nicht in die Hosen!*

jumper, wolly	Pullover
mac(intosh)	Regenmantel
vest	Unterhemd, meist aus Baumwolle
waistcoat	Weste
strides	Hose
shorts	Kiwi-Business-Look in Verbindung mit Schlips, Kniestrümpfen, weißem Hemd und Jackett
singlet	Trikot, Unterhemd (ärmellos), die schwarzen werden von Bauern getragen
grunds	bequeme Männer-Slips
peter heater*	sind dasselbe, meinen aber: Eier-Wärmer
knickers	Damenunterhosen (bis zum Nabel reichend)
undies	Schlüpfer
toning	farblich abgestimmt, passend
long johns	lange Unterhosen
winter wollies	meist: wollene Unterwäsche
togs	Badehose/-anzug
nighty	Nachthemd, Negligé
dressing gown	Morgenmantel
suspenders	Strumpfhalter
easies	Hüftgürtel
braces	Hosenträger
pinny	Schürze
sidebords	sind keine Möbel sondern Koteletten (Haare)
curley cues	Lockenwickler
gummies	Gummistiefel

jandals	Gummisandalen
sandshoes	Tennisschuhe
Charlie Browns	braune Schnürschuhe für Kinder
Witches Britches	Winterschlüpfer für Mädchen (ursprünglich ein Markenname)
sloggy long-long	Liebestöter
nappies/napkins	Windeln; nicht: Servietten, das sind servietes
dinkie/hair grip/ hair clip	Haarklammer (Friseure heißen immer hairdresser)

Tuck in the Kai

Essen - nicht nur Kiwis

Der Tag eines Kiwi lässt sich kulinarisch in sechs Abschnitte einteilen:·

breckie: Frühstück von ca. 7.30 - 8.30 Uhr, gegessen werden Corn Flakes und andere Müslisorten, Ei mit Speck, gebratene Tomaten und im Winter **porridge** mit Sahne.

morning tea / morning smoko: das zweite Frühstück um ca.10 Uhr

lunch: ein eher leichtes Mittagessen aus Salaten, belegte Brote und **pies** um ca. 12 Uhr

afternoon tea/ afternoon smoko: ein Nachmittagssnack gegen 15 Uhr

tea: Abendessen

supper: und weil ein Abendessen nicht ausreicht, gibt's ein zweites kurz vor'm Schlafengehen oder bei Abendeinladungen vor dem Weggehen, etwa zwischen 23.30 Uhr und Mitternacht.

„Have a cuppa" *ist ein gutnachbarlicher Gruß und Einladung dazu.*

Zwischendrin gibt's noch unzählige **cuppa**, Tassen Tee oder Kaffee!

Eine Mahlzeit anderer Art ist das **wedding breakfast**, das Hochzeitsessen, am späten Nachmittag oder frühen Abend serviert.

goody-goods	alle guten, leckeren Dinge (für Kinder)
nosh up	eine Mahlzeit
nosh-gobble	etwas zu futtern
gut's	ein Vielfraß
tucker	etwas Essbares
tuck in!	„hau rein“
bog in*	reinschaufeln
scoff/snart	hastig essen, schlingen
peckish	eine Naschkatze sein, sich die Leckerbissen vom Teller picken; auch: hungrig

Das Kiwi-Tischgebet, auch kiwi-grace *genannt, ist an halbwegs vornehmen Tischen jedoch nicht zu hören:* „2-4-6-8, bog in, don't wait“

snavel all the tidbits = *alles verputzen*

Nach dem Essen ist man **chocka** (randvoll) und bekommt mit seinen **choppers/gnashers** (Zähnen) keinen Bissen mehr runter, und es wird eine Weile dauern, bis man fähig ist, die nächste Mahlzeit zu essen: **to get down on the next tea**.

salt and pepper shakers: die Streuer mit einem oder wenigen Löchern sind für Salz, die mit den vielen Löchern für Pfeffer (falls Sie's nicht von außen erkennen können)

Lokale

An der Spitze stehen die **licensed restaurants**, in denen auch Alkohol ausgeschenkt werden darf, z. B. Weine einheimischer Provenienz.

Eine Stufe darunter, vor allem im Preis, stehen die **unlicensed restaurants**, die gegebenenfalls zum **BYO** einladen und selbst nur Nichtalkoholisches anbieten.

BYO = Bring your own: *eigene alkoholische Getränke mitbringen gegen eine* corkage fee, *Korkengeld*

In **pubs** oder **bistros** gibt es einfache Gerichte, oft Tiefkühlkost, Gegrilltes u.ä. **bistros** sind vor allem günstig für **lunch**.

In **coffee lounges** und **tea rooms** gibt's nicht nur Kaffee, Tee und Kuchen sondern auch Herzhaftes, z. B. **pies, sandwiches**, u.ä.

Reisende, die auf's Geld schauen müssen, kaufen sich die Snacks für unterwegs oft in den **take-aways**, den Imbissläden, die normalerweise nur außer Haus zum Mitnehmen verkaufen.

Take-Away Fast Food

bangers	Würstchen, auch: **snarlers**, beim Metzger sagen Sie aber besser: **sausages**
alpine sticks	Bockwürstchen
frankfurters	Bockwürstchen
cheerios	Cocktailwürstchen, auch „**little boys**"
hot dogs	paniert, am Stock in Tomatensoße getaucht
chippolatas	Schweinswürstl, aber anders gewürzt
dim sums	chinesische panierte Fleischbällchen
hamburgers	gibt es auch, schmecken aber etwas anders
chips	Fritten, mit **fish** ergibt es **shark & taties***
chippies	Kartoffelchips
spuds	Kartoffeln
rissole	Frikadelle ohne besonderen Geschmack
filled roll	Sandwich aus Hamburger-Brötchen, Salatblatt, roter Beete und Fleischscheibe
sandwich	benannt nach **4. Earl of Sandwich**, auch: **sammie** (wenig phantasievoll belegt)
doorstops	Sandwiches nach Ami-Art (üppig belegt).

Brot gehört nicht zu den Stärken der Bewohner von **godzone**, meist ist es pappiges Weißbrot zum Toasten, oder weiche **bread/ hamburger rolls**. Es gibt aber auch Vollkornbrot, **Vogel bread**. Brot gibt es in den Größen 350, 500, 700 Gramm. **one loaf** auf der Südinsel sind 350 gr., (ohne erkennbare Logik **quarter white** genannt) auf der Nordinsel das Doppelte.

Vogel, Reizenstein *sind bekannte Marken, auch alle, bei denen von* Swiss *die Rede ist*

meat & two veg ist ein Standardgericht mit Fleisch und 2 Gemüsesorten. Und **bubble and squeak** ist übriggebliebenes Gemüse, was kleingehackt und in Butter gebraten wird.

Fisch

John Dory und **whitebait**, nur von September bis Ende November, sind zwei beliebte Speise-Fischarten, den ersten gibt's z. B. als Filet, den zweiten, weil er so winzig ist (fast durchsichtig mit deutlichen Augen) meist als **white bait fritters**, also als Omelette.

leatherjacket ist ein anderer schmackhafter Fisch zum Grillen oder Braten; den Namen hat er von seiner ledrigen Haut. Viele Fische werden als **cod**, Kabeljau, bezeichnet, aber nur der **red cod** bzw. **hoka** gehört zur Kabeljau-Familie.

Wer schon immer einmal Hai essen wollte: er wird als **lemon fish** oder **flake** angeboten.

Fleisch

barbie	wie bei den Aussies die Lieblingsbeschäftigung am Sonntagnachmittag **or any sunny evening**, auch: **BBQ** oder voll ausgeschrieben: **barbecue**, die Grillparty
grill	bedeutet wie bei uns grillen
grills	Gegrilltes
chook/chicken	Huhn, war früher das teuerste Fleisch, gibt's auch heute noch oft bei Einladungen
colonial goose	Hammelrollbraten mit Brotkrustenfüllung, ursprünglich Ersatz für die teure Gans
Belgium (sausage)	Einfache Leberwurst (Südinsel), hieß vor dem 1. Weltkrieg **German sausage**
corned silverside	Corned Beef, auch: **brisket**
seasoned topside	Rindfleisch mit Füllung (**topside** ist Braten-, Gulaschfleisch)
silverside	Gepökeltes Rindfleisch, bei uns: Tafelspitz, mit Pellkartoffeln und Salat gegessen
T-bone	in NZ fehlt das Filet, (**fillet**) nur das **sirloin** bleibt am T-Knochen
steak mince	Hackfleisch

Natürlich gibt's angesichts der vielen Schafe viel Lammfleisch, bzw. das etwas ältere, aber oft schmackhaftere **hogget**; eine Delikatesse sind Hammelhoden, **mountain oysters** genannt. Lamm- und Rindfleisch sind am preiswertesten, Schwein ist oft zu fett. Preiswert ist auch **venison**, Reh- bzw. Hirschfleisch, von gezüchtetem „Wild".

Fleischpasteten sind ein englisches Erbe; es

gibt sie in unterschiedlicher Ausstattung und Größe; sie gehören zu den **take-aways** und werden u.a. in **pie-carts** verkauft, das sind als Imbissstände ausgebaute Anhänger.

mince pie	Hackfleisch-Pastete
steak & kidney pie	eine der besten pie-Arten
meat pie	Pastete mit Füllung aus Fleisch und Gemüse
dressed pie	wie meat pie, garniert mit Roter Beete, Erbsen und Kartoffelbrei
savoury pie	z. B. bacon and egg pie, eine ungewöhnliche Art Ei & Speck zu servieren
pea, pie and pud	ein komplettes Gericht aus Pie, Erbsen und Kartoffelbrei

zugleich einer der billigsten Imbisse in NZ

Süßspeisen & Knabbereien

Von unsereins schwerlich als Delikatesse geschätzt, mit der aber fast jeder Kiwi und Aussie aufwächst: **marmite**, mehr oder weniger dasselbe wie **vegemite**, ein fast schwarzer Brotaufstrich aus Hefeextrakt, der allen Aussies und Kiwis von Kind an zugemutet wird, und soetwas bleibt ja oft ein Leben lang in den Gehirnzellen verankert: die mögen's tatsächlich auch später noch. Streichen Sie nur ganz wenig davon auf's Brot, sonst schmeckt's zu aufdringlich. **marmite** soll mit Rinderblut, **vegemite** mit Gemüseextrakt gewürzt sein.

Die Vorliebe für diesen Brotaufstrich teilen Sie noch mit Briten. Und bei den frankophonen Schweizern nennt es sich Cenovis!

Wenn man an Süßes denkt, gibt es natürlich eine reiche Auswahl an **bickies**, Keksen. Manche sollen schon deshalb ihren NZ-Aufenthalt verlängert haben, weil's so lange dauerte, bis sie sich durch den **bickie**-Dschungel durchgefressen hatten. Korrekt geschrieben, heißen sie natürlich **biscuits**.

Mehr Naschereien

lollies	Süßigkeiten, Bonbons, nicht nur Dauerlutscher
toffee apple	kandierter Apfel
candy floss	Zuckerwatte
Golden Syrup	Markenname für Sirup zum Süßen.
jelly	Götterspeise; auch „Apfel"-Gelee
cinnamon	ist zwar Zimt, aber der mit dem kräftigen Geschmack hieß früher in NZ **cassla.**
ice-blocks	Wassereis mit Limo-Geschmack (Nordinsel)
quencher	Wassereis, auf der Südinsel
brown derby	Vanilleeis, in Schokolade getaucht
junket	eine Art Joghurt, Kinder essen's gern mit Früchten
cream	Schlagsahne
top of the milk	Rahm, fettärmer als Sahne
pikelets	süße, kleine Pfannkuchen mit Marmelade, Butter

pav(lova), eine Baisertorte mit Puderzucker, Eischnee und viel Liebe zubereitet, benannt nach der Ballettänzerin Anna Pavlova.

pud(ding) tut's auch, auch wenn's ein Obstsalat ist.

minties gibt's nach dem Essen: Pfefferminzbonbons

scones sind Hörnchen, die dick mit Butter bestrichen werden, heiß aber **yummy** (lecker)

fly cemeteries / dead fly biscuits sind wenig appetitliche Bezeichnungen für die leckeren Rosinenkekse, **raisin biscuits**.

hundreds & thousands ist eine Süßigkeit anderer Art: die guten alten Liebesperlen

Getränke und Alkohol

tea ist natürlich das beliebteste Getränk der Kiwis und so stehen im Pro-Kopf-Verbrauch von Tee an dritter Stelle der Weltrangliste. **iced tea** ist jedoch unüblich.

Ansonsten werden Bier und exotische Mixgetränke favorisiert. Und die folgenden Limonaden:

soft drinks sind wie überall die Limos.

cordial ist ein Sirup, der mit Wasser verdünnt getrunken wird, im Gegensatz zu den **fizzy drinks** (mit Kohlensäure) perlt's bei den **cordials** nicht.

lemonades, Limos im eigentlichen Sinne.

Lemon and Paeroa, Mineralwasser mit Zitronengeschmack.

shandy, Limo mit etwas Bier.

Wasser wird in NZ nicht zum Essen serviert, kann aber mit "Can I have some water?" *bestellt werden.*

On the ice *spielt nicht auf Eiswürfel im Getränk an, sondern bedeutet im Kühlschrank gekühlt.*

On the Piss

Hotels, Bars, Parties und andere Vergnügen

In einem Land, dessen Siedler die puritanischen Traditionen aus England mitbrachten, konnten sich keine ungezwungenen Regeln für den gesitteten Umgang mit Alkohol entwickeln. Was so reglementiert wird, schlägt natürlich leicht ins Gegenteil um. Wenn es um **piss**, Bier, geht, sind Kiwis nicht zu halten, und wenn es gestrenge Regeln gibt, findet man eben Wege, diese korrekt zu umgehen.

Das zeigt sich schon an den Institionen, die sich **licensed hotels** nennen. Diese haben eine Lizenz zum Alkoholausschank, die es aber nur gibt, wenn zugleich Übernachtungsmöglichkeiten angeboten werden. Oftmals sind alle Hotelzimmer von lokalen Junggesellen „blockiert", so dass Touristen dann in Motels übernachten müssen.

Zu allen solchen Hotels gehört der **pub**, die **public bar**, eine - im Gegensatz zu einem gepflegten englischen Pub - schmucklose Trinkhalle, in der es normalerweise keine Stühle oder sonstetwas, das vom Trinken ablenken könnte, gibt. Pubs meist bis 22 Uhr oder später geöffnet (vor allem auf dem Land, wo sich der Dorfpolizist nach der Sperrstunde seiner Uniform entledigt und dann in Zivil unter die Männer mischt).

Sonntags sind Pubs, die nicht zu einem

Hotel gehören, geschlossen, es sei denn, sie gehören zu einer Lokalkette wie **Cobb & Co.,** die argumentieren, dass ihre Gäste in der Bar auf einen freien Platz warten. Hotels werden nicht selten kurz und bündig **pub** genannt, klar weshalb.

Frauen tauchen heute auch schon mal in **pubs** (werden in vielen jedoch nicht gern gesehen, falls überhaupt geduldet) auf, bevorzugen aber die gepflegteren **hotel lounges** mit viel Plüsch und Schummerlicht, wo man auch Dinnergäste antrifft.

In den **lounge bars**, die mancherorts noch **„Ladies and Escorts Bar"** heißen, geht es gegen Aufpreis noch gesitteter zu.

In Hotels gibt es natürlich oft auch Restaurants. Wenn Sie dort einen Tisch reservieren wollen oder unangemeldet im Lokal erscheinen, werden Sie oft gefragt werden: **„Are you in the house or casual?"** Hotelgäste antworten **„in the house"**, alle andern **„casual"**.

private hotels entsprechen unseren Pensionen, haben also familiäre Atmosphäre, bieten Mahlzeiten aber keinen Ausschank. Sie werden oft als **B & B, bed & breakfast**, bezeichnet.

tea rooms sind einfach neuseeländische Cafés. Und ein **tavern** ist einfach ein **pub** ohne Betten. Wohin man auch geht, steht über den Lokalen ohne Alkohollizenz: **BYO (bring your own)**, also bringt man Bier, Wein, etc. selbst mit. Bei Feteneinladungen gilt meist dasselbe.

bottle store/bottly ist der „Schnapsladen"

Vor 1967, als die Bars noch um 18 Uhr schließen mussten, gab es für die armen Werktätigen, die nach der Arbeit nur eine Stunde Zeit hatten, nur Kneipen mit Zementboden, Theke aus rostfreiem Stahl mit Pinkelrinne davor; hinterher wurde alles mit dem Schlauch abgespritzt.

im Hotel, wo Sie Alkohol zum Mitnehmen kaufen könnt

Im örtlichen **ice cream parlour**, bzw. der **milk bar**, bauen Teenager ihr Macho-Image auf, da sie noch zu jung für's Hotel sind. Die **milk bar cowboys** werden schon einmal mit dem Schild **legal age for drinking 20 years** darauf hingewiesen, dass sie erst mit 20 ans Bier dürfen.

Zu guter Letzt gibt es noch die Wohneinheit im Motel mit Sofa und Kochnische, bzw. auf dem Campingplatz, den **unit**.

Knees up Mother Brown

bottle-parties gibt es überall: die Frauen bringen etwas zum Essen mit **(„ladies a plate“)**, die Männer sorgen für's Flüssige **(„gents a crate“)**.

Schmeißen Sie sich in die **glad rags**, Partyklamotten, und gehen Sie auf eine **bash**, eine zwanglose Party.

Übrigens wurde traditionell zum 21. Geburtstag dem neuen erwachsenen Familienmitglied der Schlüssel zum elterlichen Haus überreicht, das bedeutete die Freiheit zu kommen und zu gehen, wann es ihm/ihr beliebte. Heute ist das ein symbolischer, einen Meter große, mit Alufolie umwickelte Pappschlüssel, denn den richtigen haben auch die jungen Leute in Neuseeland heute schon längst in der Tasche.

Wer sich auf einer Party die Nacht um die Ohren geschlagen hat, sagt: „I've been out on the tiles“. *Oder Sie bedanken sich für die Fete:* „She was a good bash at your place last night. I've never been so pissed in me life.“ *„Das war vielleicht 'ne saubere Party bei dir letzte Nacht; so besoffen war ich mein Lebtag noch nicht.“*

Kino

Anstatt der **pictures** oder **movies** hieß Kino in NZ lange **flicks** oder, seltener, **flea house**, heute sagt man nur noch **movies**. In den meisten Städten gibt es auch längst große Multiplex-Kinos, wie man sie auch aus Deutschland kennt. Man reserviert gern die Sitze, zieht sich ordentlich an und zelebriert damit gern den Freitag- oder Samstagabend. Die teuersten Plätze im Kino sind im **dress circle**, Balkon.

Alle Kinofilme werden staatlich bewertet und eingestuft:

When the middle income-middle-aged get middlin' sloshed = *Wenn die Mittelklasse-Mittelalten mal in großer Schar die Sau raus lassen.*

Filmratings

G	für alle Altersgruppen geeignet
GY	Mindestalter 13
GA	Nur für Erwachsene
R	Das Einhalten des Mindestalters wird staatlich überwacht
R (#)	Die Zahlen 13, 16, 18, 20 dahinter beziffern das notwendige Mindestalter
X	Porno, schmutzig, unmoralisch

Fernsehen & Theater

telly/goggle box ist das Sofa-Kino, die Glotze und **theatre** ist ein richtiges Theater, von denen es fast in jedem Kaff eines gibt.

Veranstaltungen finden oft in der **town hall** statt, es sei denn es gibt auch eine **concert chamber** mit gerade 100 - 300 Plätzen, in denen nicht nur musikalische Darbietungen zum Besten gegeben werden.

Auf dem Hauptplatz der Stadt, dem **town square** werden dagegen die **sallies**, die Konzerte am Samstagabend gegeben: Das sind Wohltätigkeitsveranstaltungen, häufig von der **Salvation Army**, Heilsarmee bestritten, die jenseits der Tasman-See viel präsenter sind als bei uns. Die Heilsarmee betreibt saubere, alkoholfreie, preiswerte Hotels, die **people's palaces**.

Wo es so viele Theater gibt, dürfen auch **opera houses** nicht fehlen. In der Oper werden auch Theaterstücke aufgeführt, aber wenigstens einmal pro Saison gibt es eine richtige Oper.

Wenigstens einmal im Jahr gibt es in jeder Stadt auch eine Parade, **procession**, mit Korso, Blasmusik, Dudelsack, etc.

Pissed as a Newt

Trinken, saufen, voll sein

Alkohol jeglicher Art heißt **booze**; **boozer** ist der Ort, an dem - nicht nur - der **booze-artist**, der starke Trinker, der Säufer, verkehrt. Unter den alkoholhaltigen Getränken, ist mit Abstand Bier der Spitzenreiter.

snort	ist ein anderes Wort für alkoholische Getränke
grog	wie oben (nicht unser Grog!)
piss	was aber aus mancherlei Gründen vor allem für Bier steht
piss-up	die Sauferei

In NZ gibt es gute, leichte Weißweine. Nur ein Sechstel der Neuseeländer trinkt Rotwein.

plonk ist billiger Wein

bubbly champers ist ein Sekt-Verschnitt

split ist der Bestandteil, der zum Alkohol gemixt wird: **„What kind of split would you like with your drink?" - „Coke!"**

He's been on the piss since this morning.
Seit heute früh säuft er.

He was pissed as a newt.
Er war stockbesoffen.

In den Discount-Läden gibt's u.a. Sherry vom Fass (Flasche selbst mitbringen!), Wein in 3-1-Kartons **(wine cask)**, weinhaltige Getränke mit Fruchtsaft - wie die amerikanischen **wine-cooler**, und manch andere Kombinationen von Longdrinks. Zu Weihnachten wird viel getrunken, das sind dann die **Christmas drinks/booze**.

Da Kiwis vor allem aber begeisterte Biertrinker sind, hier noch ein paar „technische" Begriffe dazu:

tear off a tab/scab eine Dose Bier öffnen
brew ein Glas Bier, manchmal auch: Tee
stubby kleine, 0,35-1-Flasche
jug eine Maß (= 1-Liter-Krug)
pint = 600 ml
handle of beer Henkelkrugbier (**mug**), der 1-1,5 Pint fasst.
flagon 2,25 Literflasche, in der Fassbier im **bottle store** gekauft wird, wird auch **half g** (halbe Gallone) genannt.
4 and a half gemeint sind Gallonen, genug für drei Leute mit mittlerem Durst

Bei wirklich großem Durst und für Parties empfiehlt sich der **mini tanker**, der 100 Gallonen fasst (450 Liter). Das Bier wird im übrigen in richtigen Tanklastwagen transportiert und in den entsprechenden Container unterm Hotel gepumpt.

Normales Bier schmeckt wie das englische **ale**, das meist **brown** heißt, teurer ist **lager beer**, das unserem Export entspricht, und in grünen Flaschen verkauft wird.

Beliebt ist auch das dunkle **stout** (wie Guinness), das mit Limo gemischt **porter gaff** heißt. In den Bars wird das Bier randvoll eingeschenkt und sofort bezahlt. Beliebtestes Gefäß für Trinkrunden sind die **jugs**.

Wer nicht viel verträgt, sollte gleich die erste oder zweite Runde (**round**) übernehmen; jeder kommt nämlich dran.

shout *= Runde bestellen:* **it's your shout** *= du bist dran. Hingegen:* **yankee shout** *= jeder zahlt selbst*

Wenn's heißt: **„time, gentlemen, please“** schnell das letzte Getränk bestellen, denn die Sperrstunde ist nahe, ein Rest englischer Tradition. Eine andere, aber aussterbende Tradition sind die **11'ses**, der Frühschoppen am Sonntagvormittag.

Getrunken wird zumeist in Pubs, die Tätigkeit wird deshalb auch **pubbing** genannt. Früher gab es dafür häufig die **booze barn**, aber der gemütlichere Pub wird heute den Saufscheunen vorgezogen.

...und die Folgen

stonkered / stuffed / zonked heißt soviel wie müde, erschöpft, fertig sein.

Wenn's einem zuviel wird, hilft vielleicht nur noch **puke/spew*/turt out/chuck** oder **technicolour yawn** = kotzen/reihern.

etwas gehobener: **chunder** *= sich übergeben.*

Wenn Sie nicht nur ein paar getrunken haben, **you sank a few**, sondern eine Runde nach der andern mitgemacht haben und nicht rechtzeitig ausgestiegen sind, **pike out**, sind Sie sicher mehr als nur **half cut**, halb - betrunken, sondern eher **bombed/rotten/ skinfull/sloshed =** (total) betrunken, sturzbesoffen, völlig breit.

Oder man kippt schon vorher um: **cark out**, was auch abkratzen bedeuten kann.

Hoffen wir, dass es nicht auch noch zu einem **punch-up** (Schlägerei) kommt oder zum **stink** (Stunk), der ebenfalls in eine Rauferei ausarten kann

Ein **zombie** ist in diesem Zusammenhang kein aus dem Grab Auferstandener sondern jemand mit einem Mords-Kater (**hang-over**).

Eine der besonderen Sitten unter jungen Männern zum Ende der Teenagerzeit ist das Herunterlassen der Hosen, während sie auf dem Tisch stehen: **down trou**. Mit einem **„Drop your tweeds!"** werden sie dazu angestachelt.

Toilette

Wer trinkt, muss auch auf's **loo**, das aber in NZ meist nur von Mädchen und Frauen so genannt wird, sonst heißt die **toilet** mal **lav** (von **lavatory**), **bog*** oder **grot***, letztere sind allerdings sehr unfeine Begriffe, unserem „Scheißhaus" entsprechend. Höflich sagt man lieber: **cloakroom**.

go to the dunny	auf's Klo gehen
go for a tiddle	Pipi machen (Mädchen)
to piddle around	pinkeln; auch: herumtrödeln
potty	Nachttopf.
to be caught short	dringend auf's Klo müssen (nur für Männer)
brown eye	Herunterlassen der Hosen
kack	kacken, aber kack-handed bedeutet Linkshänder
to break wind	Blähungen haben
wees and poohs	Pipi und AA (nicht nur in der Kindersprache!)
trots	Dünnschiss
grizzle	Bauchgrimmen
pong	starker Geruch

piddle with the diddle *= pinkeln mit dem Pimmel*

wer als potty *bezeichnet wird, ist schon leicht abgedreht, schräg, angeschickert.*

To Feel a Box of Birds

Die lockere Sprache des Alltags

Hier jetzt eine Sammlung allgemeiner, lockerer Ausdrücke. Wir haben versucht, sie so gut es ging zu sortieren; Überschneidungen ließen sich aber nicht vermeiden.

begrüßen/verabschieden

haere mai Willkommen!
kia ora Hallo!

Das sind die meistgehörten Maori-Grußformeln; unter den **pakeha** ist folgendes gebräuchlich:

gidday (mate) = **good day** (Kumpel) ist der Standardgruß
eryaguan = **how are you going** = Wie geht's?
owsidgown = **how is it going** = Wie steht's?
ta Danke.
tata, tutelue Tschüß!
see ya (later) Tschüß! Bis später!
hooray, hurray ebenfalls: Tschüß!

„Thanks for the cuppa but I have to shoot through now."

cuppa Bier, Tee oder sonstige Getränke
shoot through sich verabschieden, nach Hause gehen

Vielleicht werden Sie auch eingeladen, gelegentlich einmal vorbei zu schauen: **pop over, pop in, pop around**. Oder man heißt Sie jederzeit willkommen: **pop in any time you like**.

Redewendungen

What's the guts? / What's the story?
Worum geht's?

You shouldn't have done that.
Vielen Dank, aber das war doch nicht nötig.

I'm off now.
Ich gehe jetzt.

I'll be with you in a tick.
Ich komme sofort.

What are you up to these days?
Was machst du denn so in letzter Zeit?

Oh yeah = *bedeutet etwas zwischen "echt wahr" und „na und"*

I wouldn't have a clue.
Ich habe keine Ahnung.

What a bummer!
Wie schade!

That'll do me!
Einverstanden!

Come again?
Wie bitte?

She'll be right (mate)!
Okay, alles klar!

You're having me on, aren't you?
Du führst mich wohl an der Nase herum

to be fed up (to the backteeth)
die Nase voll haben

To Feel a Box of Birds

glücklich sein

happy as Larry wunschlos glücklich
piss in the hand problemlos, ohne Schwierigkeiten
nifty clever, geschickt, gut durchdacht
good on yer/you gut gemacht, mach weiter so
fair go eine gerechte Chance
chuffed stolz und glücklich
tin-arse-luck unverdientes Glück
best of British das wünscht man jemandem, der wenig Aussicht auf Erfolg hat

to live on the pig's back
gut leben (Schweinefleisch ist in NZ nämlich relativ teuer)

I feel a box of birds today!
Ich bin heut echt gut drauf!

super, spitze, affengeil

to feel / to be a box of birds *=saugut, sich saugut fühlen*

box of fluffy ducks = *so glücklich, erfolgreich, wie ich mir nur wünschen kann*

beaut (= beautiful)	spitze, erstklassig
to be a bit of all right	echt in Ordnung sein
to be a boomer	echt gut sein
corker	sehr gut
cracker beaut	saugut, spitzenmäßig
bit of all right	Attraktiv
dinkum	echt, wahr:
he's a dinkum kiwi	er ist ein echter Kiwi
fair go	gerechte Chance
flash	protzig
dead flash	super-protzig
grouse	irre gut (Teenie)

mint condition	Spitzen-Form
to be a ripper	spitze, echt gut sein
shit hot	affengeil
swish	elegant, schick
to be spot on	genau richtig sein
mighty	toll, super
fancy that!	kaum zu glauben
good on yer/you	gut für dich
chuffed	stolz und glücklich
rapt / wrapped	begeistert, hingerissen, verliebt
awesome	gut, super
piss in the hand	problemlos, ohne Schwierigkeiten
up to scratch	in bestem Zustand, appellmäßig

round the bend / round the the twist = *übergeschnappt, verrückt*

mad as a meataxe / mad as a hatter = *spinnig, abgedreht*

my eye / my foot / my gum / my oath! = *Ausruf des Erstaunens, der Zustimmung oder des Zweifels*

You're the dizzy limit!
Du bist wirklich unbeschreiblich!

Ärger haben/machen

So lässig und entspannt es in NZ auch normalerweise zugeht, aber Ärger gibt's auch dort ab und an:

„I'm so hacked off with this job that I'm ready to blow it and piss off to Northland."
„Mir stinkt dieser Job dermaßen, dass ich nah dran bin, ihn zu schmeißen und mich nach Northland zu verpissen."

to drive someone crackers = *jdn. verrückt machen*

to be up to the eyeballs in trouble = *bis zum Hals in Schwierigkeiten stecken*

cheeky	frech
gross	ekelhaft
to be cheesed off	verärgert, irritiert
to slack off someone	jdn. ärgern
to be slacked off	verärgert
to be pissed off	verärgert, wütend
to brass someone off	jdn. ärgern
to be brassed off	verärgert, sauer
to be hacked off	wütend, stinksauer
bollocking	Anmache, Schelte
(gone) crook	krank, verärgert, kaputt (Dinge) sein

shitty	schlecht gelaunt, eingeschnappt
bloody minded	starrköpfig
bummer	beschissen
beggared	verdammt, nicht zum aushalten
sod	Scheißkerl
(shit) stirrer	Unruhestifter
to pack a sad	frustriert, depressiv
misunderstanding	Umschreibung für Personen, die wohl verstehen, um was es geht, aber vollkommen anderer Meinung sind und darauf beharren.
bloke/joker	Typ, Kerl
sheila	Mädchen, unverheiratete Frau
gasbag	Klatschtante, Quasselstrippe

„I'll be beggared if I'll spend another day working with that sod."
„Ich krieg einen an der Birne, wenn ich noch einen Tag mit diesem Scheißkerl zusammenarbeite."

„That bloke got stock into me for calling a sheila a gasbag!"
„Dieser Typ macht micht an, weil ich die Mieze eine Tratschtante nannte!"

to do one's bun/
to do one's scone =
ausflippen, durchdrehen

to throw a wobbly =
einen Wutanfall haben (meist Kinder)

to be fed up to the backteeth =
die Schnauze voll haben, es total satthaben

the rough end of the deal =
der schlechtere Teil / das dicke Ende

to get stock into s.o. =
jemanden zurechtweisen

Ärger machen

to winge	meckern, nörgeln; wird gern auf Engländer in der Kombination winging poms angewandt
to nag	sich beschweren, quängeln
to pester	bedrängen / belästigen
to nark	anmachen / belästigen
to go rude at	beleidigen
to sort someone out	jmd. zurechtweisen, in die Zange nehmen
to have the cheek	die Stirn haben, unverschämt sein
stoppy	widerspenstig
duck shoving	den schwarzen Peter weiterschieben

to take the mickey out of someone = *jemanden verarschen*

Don't come the raw prawn with me! = *Komm mir nicht auf diese Weise!*

Schläge bekommen

to go berko	gewalttätig werden (unter Alkoholeinfluss wird's weitgehend nachgesehen)
larrikinism	jugendlicher Vandalismus
punch-up	Kampf, Streit
to be punched out	zusammengeschlagen werden
to take to scrapers	sich aus dem Staub machen, abhauen
bunch of five	Faust
knuckle sandwich	Schlag in die Fresse

to get one's face smacked in / to get one's face re-arranged = *eins in die Fresse bekommen: solche Angebote häufen sich nach üppigem Bierkonsum am Samstagabend.*

„If you don't behave, I'll wipe your dial."
„Wenn du dich nicht benimmst, hau ich dir eine runter (**dial** = Fresse)"

„Would you like a bunch of five?"
„Willst du eins in die Fresse haben?"

Don't get your knickers/nuts in a twist! = *Mach dir nicht in die Hose! (für Jungs)*

Don't get your tits in a tangle! = *Mach dir nicht ins Hemdchen! (für Mädels)*

Schiss haben

to put the wind up	Angst machen
to get the wind up	Schiss bekommen, Angst haben
to be windy	Angst haben
to be chicken	feige sein, kneifen
creeps	Schaudern, Zittern

spinnen, nicht durchblicken

bummer	beknackt
prawn / dummy	Dummkopf
boob	Simpel
berk/clot	Tölpel
silly galoot	Idiot
to act the goat	sich lächerlich machen
to be bonkers	eine Schraube locker haben
nana (banana)	verrückt: you're driving me 'nanas.

as silly as a two bob watch = *dumm wie Bohnenstroh*

to be not the full quid = *nicht ganz dicht sein*

to be round the bend/-twist = *spinnen, verrückt sein*

wigwam for a goose's bridle = *völlig überflüssig, unnütz*

versagen, Pech haben

hoo-ha	Aufregung um nichts
to blow it	versagen
done your chips	versagt, verloren
blue	Fehler
dicy	unsicher, unstabil
Best of British!	Viel Glück, aber du hast keine Chance!
to act goat	sich tollpatschig, idiotisch aufführen

Oh diddums! = *Du Arme/r, so ein Pech! (sarkastisch) wenn jmd. nicht auf einen guten Rat gehört hat*

bescheißen, klauen

to pinch	klauen
to flog	stehlen
to flog off	verhökern
crim (criminal)	Krimineller
to have someone on	jdn. beschwindeln, aufsitzen lassen
swiz	Nepp
to convert a car	ein Auto stehlen
to have been inside	im Knast gewesen sein

to diddle someone out of... = *jdn. betrügen um...*

kaputt, erschöpft sein

to be beggared	müde, abgeschlafft sein
to be buggered	müde, abgeschlafft sein
to be puffed	k.o., erschlagen, müde sein
to be pooped	erschöpft, kaputt sein
to feel crooked	sich unwohl fühlen
to waffle	labern
That dog had it!	Dieser Hund ist total am Ende!

to be bushed/ to be fucked**/ to be knackered/ to be munted/ to be wasted/ to be stuffed/ to be clapped out *alle bedeuten: erschöpft sein*

quasseln, angeben, etc.

to skite	prahlen
skite	Aufschneider
ear wagging	labern, nörgeln, in den Ohren liegen
ear bashing	ununterbrochen labern
gasbag	Quasselstrippe
chinwag	Klatsch

to talk the hind leg off a donkey = *Dampfplauderer, jmd. der ununterbrochen reden kann*

Four-Letter-Words

Im Englischen - und zwar überall - gibt es die berühmten **four-letterwords** wie **piss, shit, fuck, arse**. Der Begriff steht aber auch für Schimpfwörter, Flüche im allgemeinen. Wie Sie nachfolgend sehen können, waren die ursprünglichen Siedler offenbar aufgrund ihrer puritanischen Tradition recht gehemmt in der Gestaltung ihrer Flüche, die außerdem noch abgemildert geäußert werden.

Entnervt betitelt man so auch Kinder: Aren't they a bundle of rat bags!

Wenn Sie wanker *rufen, befinden Sie sich besser außer Hörweite!*

rat shit	Quatsch
rats	verdammt!
rat bag	Lümmel, Taugenichts
bugger	Scheißkerl
stirrer /shit stirrer	jmd. der/die Leute gern reizt, provoziert
sponger	Schnorrer
piker	Drückeberger
up him/up herself	arroganter, hochnäsig
skite	Angeber/in
prawn/boob	Dummkopf, Depp
silly galoot	Idiot, Blödmann
vermin	Ungeziefer, Ekel
wanker **	Wichser; ruft man jdm. zu, den man nicht leiden kann
sod (sodomize)	Arschficker
bible basher	Religionsfanatiker
odd ball	seltsamer Mensch
(a) sooner	Todeskandidat, Verlierertyp

Looks this old ewe is a sooner.
Dieses alte Schaf machts nicht mehr lange.

Nicht unbedingt unfreundlich gemeint, ist: **You're a right bastard, aren't you**. Es fast ein Kosename, beliebt auch in der Kombination mit Nationalitäten: **pommie/aussie bastard**.

Es klingt erst einmal „blutig": **bloody hell, bloody foreigner**, heißt aber: Verdammt! Es gibt auch: **bloody good**, verdammt gut!

Die akzeptablere Variante von ist **ruddy** und noch feiner ist: **blimin', flamin'**.

Where's that flamin' mongrel dog?
Wo ist der verdammte Köter?

What the flamin' heck does he want now?
Was zum Kuckuck will er jetzt schon wieder!

Ausrufe

Bugger off/ Fuck off! ** = *Hau ab!*

Cripes, crikey dick!	Um Himmels willen!
Hells bells!	Himmel noch mal!
	Heiliger Bimbam!
By crikey!	Gute Güte!
Neat, eh!	Toll, was!
Grotty!	Versifft!
Fancy that!	Kaum zu glauben!
Use your bun!	Streng deinen Kopf an!
Get off it!	Hör auf damit!
Get off my case!	Lass mich in Ruhe!
Shut your cake hole!*	Halt dein Maul!
Cake hole!*	Maul
Piss off!	Verpiss dich!
Yuk!	Pfui, igitt
Choice!	Geil!
Tough titties!	Pech!

Slap and Tickle

Zwischengeschlechtliches

Ein Thema, das immer interessant und unerschöpflich ist. Gerade auch weil es von mancherlei Tabus durchsetzt ist. Was verboten, anrüchig oder auch nur pikant ist, wird umschrieben: manchmal witzig, oft vulgär. Die * zeigen, wo es nur um's Kennenlernen geht und Sie sich zweimal überlegen sollten, ob Sie solch einen Ausdruck auch selbst benutzen wollen.

Sheila - Ausdrücke für sie

sheila	Mädchen, bevorzugt unverheiratet (das ist kein Kompliment!)
bird	Mädchen, Mäuschen
chick	Mieze, Mädchen
dum chick	dummes Huhn
hoon	Huhn, Henne (Southland)
bit of crumpet*	sexy Mieze, heißes Weib
scrubber	Flittchen
town bike	das meistgerittene Mädchen am Ort
tart	Nutte, aufgedonnerte Frau
tarted up	aufgedonnert
lusty wench	klingt nach geilem Zahn, gemeint ist aber das begehrenswerte, attraktive, unbescholtene Mädchen von nebenan
bit of fluff	junges Mädchen (fluff bedeutet Daun, der unter dem Höschen verborgen)
carnie kid	Mädchen unter 16 (mit der Sex verboten ist)
bit on the side	Geliebte (Verheiratete)
sis (sister)	Schwester
missus	Ehefrau (Chauvi-Begriff)
bag *	Alte
gasbag	Tratsch-, Labertante
nan/nanna	Oma
mate	Kumpelin, Freundin
honey	Süße

She's a bit of all right.
= *Sie ist mein Fall.*

mutton dressed up as lamb
= *vorne Lyceum, hinten Museum*

neither use nor ornament
= *weder von Nutzen noch zur Verzierung.*

She's a real cracker!
= *Sie ist wirklich toll!*

Mate - Ausdrücke für ihn

Auffällig ist, wie viel mehr Ausdrücke die Männer für sich haben:

bro (brother)	Bruder
old man	Vater, Alter, Ehemann
cuz (cousin)	Kumpel (Maori)
bloke	Kerl, Typ
mate	Kumpel, Spezi
joker	Typ, Kerl, Kumpel
sort	Kumpel, Kollege
good sort	Guter Freund
sport	Freund, Kumpel, Spezi
bugger	Kerl
dag	Scherzbold (traut sich was)
roman fingers	jmd., der seine Finger nicht von Frauen lassen kann
W.H.B.	Grapscher
no hoper	Schwächling, Lahmarsch
creep	unangenehmer, gefährlicher Typ, Ekel
dick head*	Scheißkerl, Vollidiot (dick=Schwanz)
hangman	jmd., der „erhältlich" ist, sich mit jeder/m im Dorf teilt, bzw. herumgereicht wird
yahoo	Großmaul, Flegel
yob-yobbo	Flegel, Lümmel
larrikin	Halbstarker, Raufbold
dingeling	Dummkopf, Tölpel
skungy bloke	schmieriger Kerl
stud	sexy Typ, Hengst

cheek	nörgelnder Schmarotzer
dipstick/twit	Trottel
drongo	Idiot
dummy/nitwit	Dummkopf
dope	Blödmann
pouf/poufter	Schwuler
queer	Schwuchtel
poncey	Tuntig
wanker *	Wichser
spunk	ein Hübscher
stunner	jmd., der so umwerfend ist, dass einem die Spucke wegbleibt
hubbie	Ehemann (von: husband)
bogan	Prolo (schwarze Klamotten, alte aufgemotzte Autos)
geek/dork	Idiot
ningnong	Idiot
hunk	Sexprotz, „Stück Fleisch“

Ein cheek *lädt sich erst selbst zum Abendessen ein und beschwert sich dann über die Qualität des Essens.*

Short & Curlies

Körperliches

privates	Körperteile, die der Öffentlichkeit (zumeist) vorenthalten bleiben
starkers	splitternackt
rear end	Hintern, Kehrseite
backside	Hinterteil
bottom	Hintern
buttocks	Po
arse*/bum*	Arsch
cheeks	Backen, Po, auch: Wangen
boobs	Brüste
knockers	Riesenbrüste
charlies*	Titten
peter	Penis
peter heater*	ein „Schwanzwärmer", also eine warme Unterhose
dick*	Schwanz (dick head*: Scheißkerl)
fanny*	Fotze (in den USA: Po)
short & curlies	keine Frisur sondern das Schamhaar
minge*	(weibliches) Schamhaar

*Der Satz: „*He patted her on the fanny*" würde in NZ* shocking *klingen, dagegen in den USA durchaus normal: Er tätschelte sie am Po."*

Bit of crumpet - Sex und Liebe

to be rapt	verknallt sein
to be wrapped	verschossen sein

to fancy s.o.	auf jdn. stehen
I fancy that bird.	Ich mag die Kleine.
Have a go!	Probier's mal.
to dump someone	jdn. versetzen, sitzen lassen (wörtl.: auf die Müllkippe werfen)
to be randy	geil sein
(a) naughty	jmd., der sexerfahren ist
slap and tickle	Petting, Vorspiel, fummeln
snoggin'a pash	rumknutschen (Teenager)
she spins my dials	sie törnt mich an
to root*/screw*/ stuff*	bumsen, ficken
to shag	vögeln
bit of a bird	vögeln
shaggin' wagon	Kombi, ideal zum Bumsen
to get one away	miteinander schlafen
to have it off*	miteinander schlafen, nicht: abspritzen

to put the hard word on someone
= *jmd. drängen, z. B. zum Sex*

to be on with each other
= *etwas miteinander haben, zusammen gehen und leben (ohne Trauschein)*

to have a bit on the side
= *ein Verhältnis haben*

He's got tickets on that bird.
Er steht auf sie.

She's pretty keen on you.
Sie ist ganz schön scharf auf dich

Ein Trost für Singles:
There's an old boot for every old sock.
Zu einem alten Socken findet sich immer ein passender alter Stiefel.

Das langfristige Ergebnis kann dann mehr oder weniger erfreulich sein, wenn kein **french letter** (Pariser) zur Hand war und die Periode, **period**, nicht mehr kommt:

Dass jemand schwanger ist, kann auf vielschichtige Weise zum Ausdruck gebracht werden: **to be up the duff / up the spout / sprogged / to have a bun in the oven**

Das Blag, der Sprössling, der dann das Licht der Welt erblickt, ist der **sprog**. Sind sie erst größer, können diese überaktiven, kleinen **ball of muscle/ankle-biter** wirklich den letzten Nerv töten.

Im landwirtschaftsbewussten NZ heißt es vom unehelichen Kind: **There must have been a stray bull in the paddock.**

Literaturhinweise

Im Gegensatz zur amerikanischen Variante des Englischen gibt es nach unserer Kenntnis keine deutschsprachigen Veröffentlichungen zu Kiwi-English. Wir haben lediglich das folgende, nicht mehr ganz frische Buch entdeckt:

A personal Kiwi-Yankee Slanguage Dictionary von Louls S. Leland, erschienen 1980 im Verlag John McIndoe, Dunedin, Neuseeland. Es enthält in alphabetischer Reihenfolge über tausend Einträge insbesondere im Vergleich zum Amerikanischen. Es enthält aber eine Menge Neuseeland-spezifischer Begriffe, z. B. zur Politik und gesellschaftlichen Institutionen.

Eine wahre Fundgrube für Kiwi-Slang sind aber die in Neuseeland überall erhältlichen **Footrot Flats"-Comics.** Die Hauptperson **„the Dog"** ist mittlerweile fast das Nationalsymbol Neuseelands geworden. Die Abbildungen in diesem Slang-Buch stammen aus diesen Comis. Unbedingt zulegen! Eine deutsche Ausgabe ist mittlerweile auch erschienen, im EhapaVerlag. Titel: Geschichten von der **Stinkfuß-Farm.**

Auf den folgenden Seiten finden Sie ein alphabetisch geordnetes Verzeichnis der meisten Begriffe, die in diesem Buch vorgekommen sind. Es soll Ihnen helfen, einen Ausdruck zu finden, den Sie in irgendeinem Zusammenhang gehört haben, aber von dem Sie nicht wissen, was er bedeutet. Hinter jedem Wort steht die Seitenzahl(en), auf der ein Ausdruck mit diesem Wort auftaucht.

A

B

C

D

E

F

G

K

L

M

N

R

S

T

U

V

W

X

Y

Z